T0128503

Printed in the United States
By Bookmasters

التدريب التعاوني
ورفع كفاءة العمل

رقم التصنيف: 658.1624

المؤلف ومن هو في حكمه: د. إبراهيم علي صالح الحسني

عنوان الكتاب: التدريب التعاوني ورفع كفاءة العمل

رقم الإيداع: 2009/7/3115

الترقيم الدولي: ISBN: 978- 9957 - 454 - 75-3

الموضوع الرئيسي: ادارة الأعمال//التدريب//التطوير الاداري

* تم إعداد بيانات الفهرسة والتصنيف الأولية من قبل دائرة المكتبة الوطنية

الطبعة الأولى

مركز ديبونو لتعليم التفكير

يطلب هذا الكتاب مباشرة من مركز ديبونو لتعليم التفكير

عمان- شارع الملكة رانيا- مجمع العيد التجاري - مبنى 320- ط4

هاتف: 962-6-5337003 ، 962-6-5337029

فاكس: 962-6-5337007

ص. ب: 831 الجبيهة 11941 المملكة الأردنية الهاشمية

E-mail: info@debono.edu.jo

www.debono.edu.jo

التدريب التعاوني
ورفع كفاءة العمل

تأليـف

الدكتور / إبراهيم علي صالح الحسني

الناشر

مركز ديبونو لتعليم التفكير

بسم الله الرحمن الرحيم

﴿ وقل ربي زدني علما ﴾

صدق الله العظيم

(سورة طه: 114)

الإهداء

إلى وطني الذي يسر لي طريق العلم ، فطلبت العلم من أجله

وإلى والدي اللذين مهدا لي طريق الحياة ...

وإلى زوجتي وأولادي

الذين ساعدوني على شق طريقي في الحياة

ويقدرون الجهد والوقت اللذان يبذلان في البحث العلمي .

أهدي هذا الكتاب ...

المحتـــويات

المقدمة

الحمد لله وحده، والصلاة والسلام على من لا نبي بعده، محمد وعلى آله وصحبه، وبعد:

نظرا لما يمثله العنصر البشري من دور كبير للنهوض بالمنظمات التي يعمل بها، لذا يعد الموظفون الركيزة الأساسية في كثير من المنظمات، مما دعا إلى تدعيمها من الموارد والعناصر البشرية المناسبة، هذا وقد حدث نوعا من عدم التكافؤ بين حاجة العمل ومهارة العاملين مما أدى إلى تغيرات كبيرة في نظم قوى العمل .

وفي ظل تلك التغيرات يلزم من مديري الموارد البشرية البحث عن عمالة جديدة مؤهلة، إضافة إلى ما تقوم به إدارة الموارد البشرية من توفير برامج خاصة للعاملين والمديرين وتخطيط احتياجات الشركة وعمليات الاستقطاب، ويتم البحث عن الموظفين من خلال الاتصال بوكالات التوظيف العامة والخاصة أو الاتصال بالموظفين أو الزملاء العاملين في نفس المجال، أو محاولة معرفة عناصر متميزة تعمل في شركات أخرى أومن خلال الإعلانات أو الزيارات للجامعات والكليات والمعاهد التعليمية والتدريبية (دافيد راتشمان، وآخرون، 1421هـ :279- 288).

ويصاحب استخدام الاستقطاب من الجامعات والكليات مشكلتين :

الأولى :

التكلفة والجهد والوقت المبذول من الجهات الباحثة عن استقطاب موظفين.

الثانية :

انخفاض مستوى كفاءة القائمين بالاستقطاب، فبعضهم قد ينبهر بالانطباع الأول للمتقدمين للوظائف دون التركيز على المهارات المطلوبة للوظيفة (جاري ديسلر، 1424هـ: 180) .

11

وفيما يتعلق بالقطاع الخاص في المملكة العربية السعودية فقد أوضحت إحدى الدراسات المتخصصة الأسباب التي تجعله يعرض عن استقطاب وتوظيف العمالة الوطنية ومنها عدم انضباط سلوكهم داخل المنشأة، وتقلب مزاجهم الوظيفي مما يؤدي إلى عدم استقرارهم في العمل، إضافة إلى أن غاياتهم وطموحهم ليس لها حدود معينه فهم يسعون إلى المناصب العالية ولا ينظرون إلى حدود وإمكانات المنظمة، ومستوى مهاراتهم وقدراتهم، وأخيرا فالموظف السعودي يكلف المنشأة التي يعمل بها مقارنة بالعامل الوافد أكثر مما يأخذ . (عبد الرحمن السدحان، 1410هـ)

وتسعى الكليات التقنية التابعة للمؤسسة العامة للتعليم الفني والتدريب المهني لتأهيل الكوادر الوطنية المدربة القادرة على شغل الوظائف التقنية والفنية والمهنية المتوفرة في سوق العمل، لذا فإن السؤال يبقى قائما هل يمكن القول بأن الكليات التقنية تعد مصدرا من مصادر تدريب واستقطاب القوى العاملة لدى منظمات القطاع الخاص من خلال برنامجها للتدريب التعاوني؟

12

الفصل الأول

تدريب العاملين

أولا: التدريب... المفهوم والأهمية:

يمكن إيراد التعاريف الآتية للتدريب وهي:

1- التدريب هو العملية المنظمة التي يتم من خلالها تغيير سلوكيات ومشاعر العاملين من أجل زيادة وتحسين فعاليتهم وأدائهم.

2- التدريب هو الإجراء المنظم الذي يستطيع الأفراد من خلاله اكتساب مهارة أو معرفة جديدة تساعدهم على تحقيق أهداف محددة.

3- الجهد المخطط والمنظم من قبل المنظمة لتزويد العاملين بمعارف معينة، وتحسين وتطوير مهاراتهم وقدراتهم، وتغيير سلوكهم واتجاهاتهم بشكل بناء.

وتتضح أهمية التدريب في المنظمات من عدة زوايا أهمها:

1- أن التدريب هو صفة المنظمات الحديثة التي تحرص على مواكبة كل تغيير في المجالات التكنولوجية والإدارية. فبدون قوة بشرية مطورة وقادرة على استيعاب التغيير لن تستطيع المنظمة تحقيق أهدافها.

2- وحيث أن التدريب يحسن من قدرات الفرد وينمي مهاراته فإنه ومن هذا المنطلق يساهم مباشرة في تحسين المستوى الاقتصادي والاجتماعي للفرد، ويزيد من درجة أمانه الوظيفي.

3- أن كل العاملين تقريبا في المنظمة يحتاجون للتدريب. فهو لا يقتصر على موظف

دون آخر أو وظيفة دون أخرى، فالموظف الجديد يحتاج إليه لضمان إتقانه للوظيفة الجديدة المكلف بها، ويحتاجه الموظف القديم لزيادة مهاراته وإدارة أفضل للعمل[1].

ثانيا: فوائد تدريب العاملين:

سواء كان التدريب على استخدام مكائن جديدة، أو على الأساليب القيادية والإشراف، أو من أجل زيادة قدرات رجال التسويق على مهارات التفاوض، وعقد صفقات الشراء والبيع، وسواء كان التدريب للمدير أو الموظف، للمحاسب أو للمهندس، داخل المنظمة أو خارجها، فلابد أن يقترن بفوائد واضحة ومحددة بالنسبة لجميع العاملين في المنظمة. ويمكن حصرها في نوعين من الفوائد على مستوى الفرد والمنظمة:

1- فوائد التدريب للمنظمة:

• تحسين ربحية المنظمة.

• تحسين المعارف والمهارات الخاصة بالعمل في كل مستويات المنظمة.

• تحسين معنوية العاملين.

• يساعد العاملين في التعرف على الأهداف التنظيمية.

• تحسين نوعية الإنتاج وزيادة كميته.

• تقليل التكاليف في المجالات الفنية والإدارية.

• تنمية مناخ مناسب، والاتصالات بين العاملين في المنظمة.

• تخفيض الحوادث وإصابات العمل.

---

(1)   سنان الموسوي، إدارة الموارد البشرية، ص189 .

2- فوائد التدريب للأفراد:

- يساعد الأفراد على اتخاذ القرارات الأحسن، كما يزيد من قابليتهم ومهاراتهم في حل المشاكل التي تواجههم في بيئة العمل.

- يساعد الأفراد على الإنجاز والثقة بالنفس.

- يساعد العاملين على التغلب على حالات القلق والتوتر والاغتراب والصراع داخل المنظمة.

- يقدم للأفراد معلومات جيدة عن كيفية تحسين مهاراتهم القيادية والاتصالات والاتجاهات.

- يفتح المجال للفرد نحو الترقية والتقدم الوظيفي.

- يقلل من أخطاء العاملين ومن حوادث العمل.

- يتيح للفرد تكوين مهارات جيدة في مجالات العمل والحديث والاستماع.

- يعمق الإحساس بالرضا الوظيفي والإنجاز.

- يقلل من دوران العمل نتيجة لازدياد الاستمرار والثبات في حياة العاملين ، وزيادة رغبتهم في خدمة المنظمة والإخلاص لها.

ثالثا: تصميم العملية التدريبية:

إن عملية التدريب تتكون من أربعة مراحل هي تحديد الاحتياجات التدريبية، ووضع خطة التدريب، ثم مرحلة تنفيذ التدريب، وتقويم فعالية البرنامج التدريبي. وفيما يلي شرح لهذه المراحل.

مراحل العملية التدريبية:

1- تحديد الاحتياجات التدريبية: مستوى المنظمة، مستوى الوظيفة، مستوى الفرد

2- تحديد الأهداف من برنامج التدريب: الوضوح، قابلية القياس.

3- تنفيذ التدريب: تصميم البرنامج، إدارة البرنامج، تحديد طرق التدريب.

4- تقويم ومتابعة فعالية التدريب: معايير قياس الفاعلية، والمتابعة [1].

1- مرحلة الاحتياجات التدريبية:

في إطار تخطيط الاحتياجات التدريبية للمنظمة بإمكاننا الإشارة إلى أن الاحتياجات التدريبية لا تخرج عن ثلاث مستويات:

- مستوى المنظمة.
- مستوى الوظيفة.
- مستوى الفرد.

وفيما يلي مناقشة لهذه المستويات الثلاثة:

أولا: تحليل الاحتياجات على مستوى المنظمة:

لما كان التدريب مرتبط بالسياسات الأخرى في المنظمة ويساهم في تحقيق أهدافها بكفاءة عالية، لذلك لابد من قيام إدارة الموارد البشرية بإجراء تحليل لأهداف المنظمة ومواردها وخططها والمراحل الزمنية لبلوغ تلك الأهداف ومدى فعالية الموارد المتاحة (البشرية والمادية) في بلوغ تلك الأهداف.

وبإمكان الإدارة وهي بصدد تحليل المتغيرات السابقة الاستعانة بعدة مؤشرات كمعدات الإنتاجية وتكلفة العمل، والغياب والتأخير، ودوران العمل، والحوادث، المناخ التنظيمي ومعنوية العاملين.. وهكذا، حيث تلقى هذه المؤشرات ضوءا على احتياجات التدريب كما أن هذا النوع من التحليل يساعد في تحديد الإطار العام لمحتوى واتجاهات وأسبقيات ومواقع التدريب [2].

---

(1) سنان الموسوي، إدارة الموارد البشرية، الأردن، دار مجدلاوي، ط 1، 1427هـ - 2006م، ص191 .

(2) سنان الموسوي، إدارة الموارد البشرية، ص192 .

ثانيا: تحليل العمليات والوظائف:

إن تحليل العمل أو الوظيفة يساعد على تحديد معايير العمل في وظيفة معينة وكذلك تحديد الأدنى للصفات والمهارات، والقدرات، والمؤهلات المطلوبة في شاغل الوظيفة لكي يتمكن من تحقيق الأداء الجيد. وعلى ذلك يتم في هذه الخطوة مقارنة الطريقة التي يتبعها الفرد في أداء عمله (أي تقويم أدائه) مع وصف الوظيفة ومواصفاتها. وكذلك الوقوف على رأي المشرف المباشر في الطريقة التي يؤدي بها الموظف عمله، وما إذا كانت تحتاج إلى تحسين، وما هي الطريقة التي يجب أن تؤدي بها العمل، وتقوم الإدارة بمقارنة هذه المعلومات جميعا للتوصل إلى الطريقة المناسبة، وتحديد التدريب المطلوب للإلمام به.

ثالثا: تحليل الفرد:

تنصب عملية التحليل هنا على الموظف نفسه وليس على العمل، حيث تقوم الإدارة بتحليل الفرد، فتدرس قدراته الحالية والقدرات والمهارات الجديدة التي يمكنه تعلمها، واستيعابها، وتطبيقها في عمله الحالي والمستقبلي.

ولتقدير الاحتياجات التدريبية في أي من المستويات الثلاثة، يمكن استخدام عدة أساليب لجمع المعلومات والتي من بينها المقابلة، والاستبيان، والملاحظة، وتقارير العمل، وتقارير تقويم الأداء والاختبارات المختلفة.

2- مرحلة تحديد الأهداف من البرامج التدريبية للعاملين:

عندما تتجدد الحاجة الفعلية للتدريب ويتضح للإدارة أنه هناك عدم قدرة على الأداء (وليس عدم رغبة) تبدأ المرحلة الثانية من مراحل تصميم عملية التدريب، وهي مرحلة تحديد الأهداف الموجودة من البرامج التدريبية المزمع تنفيذها. ولابد أن تحدد هذه الأهداف بشكل واضح وصحيح، وقابل للقياس من أجل تنفيذ المراحل اللاحقة من عملية التدريب بالشكل السليم.

ومن ناحية أخرى لابد أن تحدد أهداف التدريب وفق المعاير الآتية:

- لابد أن تسهم في تصحيح القرارات المستقبلية.
- لابد وأن تكون في حد ذاتها معيارا يقاس عليه الأداء المطلوب بعد التدريب.
- لابد أن تكون قابلة للقياس كما ونوعا، سواء من حيث الوقت، أو التكلفة أو جودة الأداء.

3- مرحلة تنفيذ التدريب:

تتضمن هذه المرحلة ثلاث جوانب مترابطة متكاملة هي:

أ - تصميم البرنامج التدريبي.

ب- إدارة البرنامج التدريبي.

ج- تحديد الطرق المستخدمة في التدريب.

وفيما يلي مناقشة لهذه الجوانب:

أ- تصميم البرنامج التدريبي للعاملين:

تصميم البرنامج التدريبي عملية تعني بتحديد الأهداف التدريبية والتعليمية وانتقاء مفردات البرامج وتتابعها، وتوقيتاتها، والأساليب التدريبية التي ستعتمد وشروط المشاركة بالبرنامج، ومعايير تقويم وقياس فاعلية البرنامج.

ب- إدارة البرنامج التدريبي للعاملين: المقصود بإدارة البرنامج التدريبي مجموعة التحضيرات، والإجراءات، والأعمال التي تتطلبها طبيعة إقامة البرنامج التدريبي. وعلى الرغم من اختلاف هذه الفعاليات باختلاف الجهة التي تقيم البرنامج، فإن على إدارة البرنامج التدريبي مراعاة القيام بأمور عديدة من أجل ضمان حسن تنفيذ البرنامج، أهمها: [1].

---

(1) سنان الموسوي، إدارة الموارد البشرية، ص194 .

- بالنسبة للمتدربين: التأكد من العمل على وصول دعوات الاشتراك إليهم والموافقة من الجهات ذات العلاقة على اشتراكهم، ووجود قوائم بأسمائهم ومؤهلاتهم ووظائفهم وعناوينهم، واستقبالهم وتهيئة أماكن الإقامة لهم إن تطلب الأمر ذلك، و تأمين وصولهم إلى مكان التدريب وعودتهم في أوقات محددة.

- بالنسبة للمدربين: التأكد من سلامة الاتصالات بين المدرب والجهة المنظمة للبرنامج، وتهيئة وصول المدرب إلى المكان الذي فيه البرنامج في الوقت المحدد، وتوفير المستلزمات التي يحتاجها المدرب، والحرص على تقديمه للمشاركين بكلمات مناسبة، ودفع المخصصات التي يستحقها في الوقت المناسب.

- بالنسبة للتسهيلات التدريبية: التأكد من وجود أماكن مناسبة للتدريب، ووجود بطاقات بأسماء المشاركين، و أجهزة صالحة للعرض، وجودة المواد التدريبية المطبوعة.

- بالنسبة لانعقاد البرنامج: التأكد من العمل على افتتاح البرنامج في الوقت المناسب، وشرح أهداف البرنامج ومتطلباته للمشاركين، وتسجيل الحضور اليومي، وتوزيع استمارات التقويم، وتوزيع شهادات التخرج، وتهيئة كتب الالتحاق والانفكاك للمشاركين.

- بالنسبة لما بعد انتهاء البرنامج: التأكد من كتابة التقرير النهائي للبرنامج، توجيه مذكرة إلى إدارة الحسابات تتضمن المدربين، وعناوينهم لصرف أجورهم، تسليم البرنامج إلى سكرتارية التدريب لحفظها بأسلوب يمكن الرجوع إليه بسهولة عند الحاجة [1].

---

(1)   سنان الموسوي، إدارة الموارد البشرية، ص195 .

ج- تحديد الطرق المستخدمة في تدريب العاملين:

بعد أن عرفنا من سيلتحق بالبرنامج التدريبي، وهيأنا الاحتياجات التدريبية يبقى بعد ذلك أن نحدد طرق التدريب التي تستخدم، بالنظر للتعدد الكبير في هذه الطرق، ولما تتميز به كل طريقة من إيجابيات وسلبيات، وسوف نتناول هذه الفقرة في فقرة مستقلة لاحقا.

4- مرحلة تقويم ومتابعة فعالية التدريب:

التدريب كأي من الوظائف الأخرى لإدارة الموارد البشرية، لابد من تقويمه ومتابعته لغرض تحديد مدى فعاليته. وذلك لأن وجود الكادر التدريبي، أو مجموعة من المحاضرات أو المواضيع لا يضمن حدوث التعلم لدى المتدرب. وعليه فإن مسئولية إدارة الموارد البشرية لا تنحصر في تحديد الحاجة إلى التدريب ومن يحتاج إليه ونوعية ذلك التدريب، بل تمتد بأساليب علمية أن هذه الاحتياجات قد تمت تلبيتها بواسطة البرنامج التدريبي. ومن المؤسف له حقا أن نجد أن أغلب المعلومات التي نحصل عليها بشأن تحقيق الأهداف، وأكثر الأساليب التدريبية فعالية في بلوغها، هي معلومات مبسترة وغير دقيقة.

ويمكن تعريف تقويم التدريب بأنه:

(الإجراءات التي تستخدمها الإدارة من أجل قياس كفاءة البرنامج التدريبي ومدى نجاحه في تحقيق الأهداف المحددة، وقياس كفاءة المتدربين ومدى التغيير الذي أحدثه التدريب فيهم، وكذلك لقياس كفاءة المدربين الذين قاموا بتنفيذ العمل التدريبي.

ويفهم من ذلك أننا بحاجة إلى القيام بعملية التقويم لعدة أسباب لعل أبرزها ما يلي:

• التأكد من أن البرنامج يعمل وفقا للأهداف التي وضعت له.

• لمعرفة مدى تلبية البرنامج للاحتياجات السلوكية للمشاركين.

- لمعرفة مدى تلبية البرنامج للاحتياجات والتسهيلات المادية لبيئة العمل لتحديد مدى فعالية وملائمة أساليب التدريب المعتمدة.
- مدى ملائمة الموارد التدريبية المستخدمة (كالمحاضرات، المناقشة، تمثيل الدور، حالات دراسية..) [1].

رابعا: معايير تقويم مدى فعالية البرنامج التدريبي للعاملين:

هناك أربعة معايير يمكن للإدارة استخدامها في تقويم مدى فاعلية البرنامج التدريبي هي:

- ردود أفعال المتدربين.
- التعلم الذي اكتسبه المتدرب.
- سلوك المتدرب في العمل.
- النتائج على مستوى المنظمة.

وفيما يلي شرح لهذه المعايير:

1- ردود أفعال المتدربين:

ويقصد بها مدى رضا المشاركين، ويمكن قياس ذلك من خلال استمارة استقصاء تحتوي على أسئلة عديدة مثل: شعور المتدرب بالاستفادة من الدورة وأي الجوانب يعتبرها أكثر فائدة من غيرها، وأيها أكثر صعوبة أو سهولة.. وهكذا وميزة هذا المعيار سهولة قياسه إلا أن صدق البيانات في التعبير عن مدى تعلم الفرد أو مدى ما اكتسبه فعلا من معلومات أو مهارات يبقى موضع تساؤل، ذلك لأن تصور وإدراك الفرد للآثار التي يتركها البرنامج على معلوماته ومهاراته شيء آخر.

(1) سنان الموسوي، إدارة الموارد البشرية، ص196 .

2- التعلم الذي اكتسبه المتدرب:

أي المبادئ والحقائق والطرق والأساليب التي تعلمها أو أدركها الموظف نتيجة لاشتراكه في البرنامج التدريبي. ورغم أن هذا المعيار يقيس التغير المباشر الذي أحدثه التدريب لدى الموظف، ورغم أن هذا المعيار أكثر موضوعية ودقة من المعيار السابق، إلا أنه يقيس ما في ذاكرة الفرد وليس سلوكه الفعلي في العمل.

3- سلوك المتدرب في العمل:

أي قياس مدى التغير الحاصل في سلوك الموظف في العمل نتيجة لاشتراكه في البرنامج التدريبي، ومقارنته مع سلوكه السابق قبل المشاركة بالدورة التدريبية كأن تلاحظ الإدارة أو المشرف المباشر عدد الأخطاء التي يرتكبها في العمل، أو تلاحظ غياباته، أو علاقاته مع زملائه في العمل، أو شكاوي المراجعين، وغيرها من الملاحظات.

4- النتائج على مستوى المنظمة:

وهنا نقيس آثار التدريب على المنظمة ككل وليس الفرد المتدرب. كأن نلاحظ التكاليف، أو كمية الإنتاج ومستوى جودته، المبيعات، الربحية، معدل دوران العمل، شكاوي الزبائن.. وواضح أن هذا المعيار يقيس عائد التدريب بالنسبة لأهداف المنظمة مباشرة وهو يمثل الاختبار النهائي لفاعلية التدريب لكن هذا المعيار يضع أعباء غير واقعية على ما يمكن أن يحققه أي برنامج تدريبي نظرا لتدخل العديد من العوامل الخارجية التي قد يفشل كل من المتدرب وإدارة التدريب في التحكم فيها[1].

خامسا: مدخلات نظام التدريب

حيث تمثل المدخلات في نظام إدارة التدريب كل المعلومات الأساسية التي تشكل المادة الخام في عمليات التدريب. وتنقسم مدخلات نظم التدريب إلى:

---

(1)   سنان الموسوي، إدارة الموارد البشرية، ص197 .

- المعلومات عن العملاء بمفهوم إدارة الجودة الشاملة الذين يقوم نظام التدريب على خدمتهم، وهم العاملين الذين يحصلون على الخدمة التدريبية ورؤساؤهم الذين يتأثرون بنتائج التدريب سلبا وإيجابا وكذا كل أصحاب العلاقة مع هؤلاء المتدربين الذين تتأثر مصالحهم وفق نتائج التدريب وفعاليته. وتشكل معلومات العملاء كل ما يتصل بخصائصهم أي صفاتهم النفسية والاجتماعية والثقافية، خبراتهم السابقة، ميولهم وتوجيهاتهم، مستويات كفاءتهم، مشكلاتهم في العمل، وتوقعاتهم الوظيفية أي احتياجاتهم التدريبية.

- مدخلات تنظيمية تشمل المعلومات الأساسية عن الواقع التنظيمي الذي يعمل به طالبو الخدمات التدريبية والمتصلين بهم وطبيعة النظام، والأوضاع والعلاقات التنظيمية بين وحدات التنظيم، وتأثيراتها على طبيعة عمل وكفاءة أداء المتدربين ومن حولهم.

- مدخلات فنية عن تقنيات التدريب المتاحة وإمكانيات استخدامها، ومتطلبات التطبيق الفعال لتلك التقنيات.

- مدخلات إنتاجية تصف الأوضاع التقنية في مواقع الإنتاج التي يعمل بها المتدربون والمتصلين بهم، وطبيعة التقنيات المستخدمة، ومشكلات الأداء وانعكاساتها على أعمال طالبي التدريب.

- مدخلات ثقافية تعبر عن الثقافة التنظيمية، ومدى تقبلها لأفكار وجدوى التدريب، ومدى سماحها لنتائج التدريب أن تظهر إلى حيز الواقع من خلال تمكين المتدربين ما حصلوا عليه من معارف ومهارات. كذلك توضح المدخلات الثقافية الوضع العام لفكرة التدريب وأهميته في المجتمع [1].

- مدخلات اقتصادية تضم معلومات عن الأمور المالية والموازنات المخصصة للتدريب ومعايير استخدامها، ومستويات العائد على الاستثمار المتوقعة من الإنفاق التدريبي.

---

(1)   إدارة الموارد البشرية الإستراتيجية، أ. د. علي السلمي ص245 .

سادسـا: العمليات في نظام التدريب:

عمليات نظام التدريب هي جميع الأنشطة والفعاليات التي تتم من أجل استقبال المدخلات والتعامل معها إنتاج الخدمات التدريبية المطلوبة ومتابعة وتقييم نتائجها والتعرف على مدى رضاء العملاء عنها. وتضم عمليات التدريب ما يلي:

1- العمليات الإدارية:

وتختص بتخطيط التدريب وتحديد أهدافه، ورسم سياسات التدريب واختيار معايير المفاضلة بين البدائل المتاحة واتخاذ القرارات في كل شئون التدريب وتتبلور تلك العمليات في ثلاثة هي: تخطيط التدريب، ومتابعة التدريب، وتقويم التدريب.

2- العمليات الفنية المتخصصة:

وتشمل تحديد الاحتياجات التدريبية، تطوير التدريب، تصميم التدريب، إنتاج الوسائل والمواد التدريبية، إعداد وتنمية المدربين، تنفيذ البرامج التدريبية، تقويم التدريب والمتدربين.

3- العمليات الاقتصادية:

وتشمل تخطيط الاحتياجات التمويلية للتدريب، وإعداد الموازنات التدريبية، وضبط الإنفاق على التدريب، ثم تقوم العائد الاقتصادي للتدريب.

وتتكامل المجموعات الثلاث من العمليات لتحقيق الخدمات التدريبية بالمستويات التي تحقق رضاء العملاء (أي الوفاء بالاحتياجات التدريبية).

سابعا: مخرجات نظام التدريب

مخرجات نظام التدريب هي النتائج التي يتوصل التدريب على تحقيقها وتقدم للعملاء في شكل خدمات تدريبية تتمتع بمستويات الجودة المناسبة لاحتياجات هؤلاء

العملاء. وتتبلور مخرجات التدريب في الاحتياجات التدريبية المشعبة والتي تبدو في شكل تغييرات سلوكية وتحسين في مستويات الأداء، وتحقيق مستويات أفضل من الإنتاجية، والقضاء على مشكلات الأداء (أو التخفيف منها)[1].

ثامنا: طرق تدريب العاملين

يمكن تصنيف طرق التدريب إلى مجموعتين أساسيتين هما:

- التدريب في موقع العمل.
- التدريب خارج العمل.

والآتي شرح لمكونات هاتين المجموعتين:

1- التدريب في موقع العمل:

يعتبر التدريب في موقع العمل أو أثناء العمل من أقدم أساليب التدريب وأكثر انتشارا حتى يومنا هذا، ولاسيما في المجال الصناعي. ويعود سبب انتشاره في الصناعة الحديثة إلى أن هذه الصناعة تتصف بسهولة تعلمها في فترة قصيرة. ومن مميزات هذا الأسلوب أن مسئولية التدريب تتركز في شخص واحد بدلا من توزيعها بين إدارة الموارد البشرية والمشرف على العامل، الأمر الذي يزيد من فعالية التدريب. كما أن هذا التركيز يؤدي إلى الاقتصاد في النفقات والأفراد اللازمين لإدارة برنامج التدريب، أضف إلى ذلك أن مكان التدريب هو ذاته مكان ممارسة العمل الحقيقي الأمر الذي يربط الفرد ماديا ونفسيا بجو العمل وبعكس الحال عندما يتم التدريب خارج موقع العمل. ومن بين أكثر الطرق تجسيدا لهذا الأسلوب، التلمذة الصناعية، التدوير الوظيفي، والتدريب المبرمج، والتوسع الوظيفي.

(1) إدارة الموارد البشرية الإستراتيجية، أ. د. علي السلمي ص246 .

أ- التلمذة الصناعية:

تهدف هذه الطريقة إلى تحسين مهارة الفرد وإعداده للعمل في مهنة معينة، ويتضمن برنامج التلمذة الصناعية تعليما نظريا وعمليا لفترة معينة يعقبه تدريب على العمل ذاته بأحد المصانع، ويعرف هذا النوع من التدريب بالتدريب المهني أيضا. وقد أصبح خاضعا للتنظيم والتشريعات الحكومية في الكثير من الدول، وذلك لمنع الاستغلال الذي قد يمارسه صاحب العمل للأطفال فنظمت الأجور وساعات العمل كما حددت الأعمال التي يشملها التدريب.

ب- التدوير الوظيفي:

وبموجب هذا الأسلوب ينتقل الموظف من عمل إلى آخر داخل القسم الواحد أو بين الأقسام والغرض من هذا التنقل الجغرافي هو أن يتقن الموظف عددا من العلميات المتشابهة أو التي يكمل بعضها بعضا. من أجل تكوين صورة شاملة عن طبيعة عمله. وقد يكون الانتقال بين هذه الوظائف خلال يوم واحد أو خلال أسابيع أو أكثر. وقد يطلب من الموظف التدريب على كيفية تشغيل آلة معينة، أو إعداد تقرير، أو إدخال برنامج في الحاسوب، ويحدد بعد ذلك موقع العمل الدائم على ضوء إجادة الموظف لأي عمل من الأعمال التي تدرب عليها.

ج- التدريب الوظيفي المبرمج:

هناك بعض الوظائف التي تحتاج إلى إتباع خطوات متلاحقة وبترتيب منطقي للعمليات. ويقوم المشرف على الموظف بممارسة هذه الخطوات أمام المتدرب الذي يقوم بعد ذلك بأدائها. ويتم التصحيح فوريا حتى يتأكد المدرب من أن المتدرب يستطيع القيام بالمهمة بشكل الصحيح ودون مساعدة.

د- التوسع الوظيفي:

ومن أجل اكتساب الموظف خبرة أوسع في مجال عمله فقد تسند إليه واجبات إضافية، وحرية أكبر في اتخاذ القرارات. وغالبا ما يتم استخدام هذه الطريقة مع المديرين أو ذوي المهن الرفيعة أو الموظفين المهرة في مجال معين[1].

2- التدريب خارج العمل:

تلجأ المنظمات إلى إتباع هذه الطريقة – أي إرسال موظفيها للتدريب في أماكن بعيدة عن عملهم الحالي عندما تقتضي بعض الأعمال مستويات عالية من المهارة لا يمكن توفيرها عن طريق كادرها المتقدم إما لضيق الوقت أو لعدم توفر الجهاز التدريبي الكفء داخل المنظمة. ومن مزايا هذا الأسلوب عليه أنه باهظ التكاليف ويحتاج إلى درجة عالية من المهارة والكفاءة، كما يحتاج على تجهيزات خاصة في بعض الأحيان.

ومن أشكال التدريب خارج موقع العمل ما يتبع في تدريب وتنمية المديرين، وتهيئتهم لأعمال ومواقف مستقبلية. وبالإمكان تحقيق هذا النوع من التدريب عن طريق المحاضرات، والندوات والمؤتمرات، ودراسة الحالة، وتمثيل الدور والمباريات الإدارية، والوسائل السمعية والبصرية.

أ- المحاضرات:

أكثر أنواع التدريب الخارجي شيوعا ومن أقدم الطرق. وبالإمكان أن تكون هذه الطريقة مفيدة وناجحة عندما يتطلب الموضوع ضرورة دراسة وتحليل بعض النواحي الفلسفية أو الأفكار والمفاهيم المستخدمة، أو الاتجاهات في الإدارة والنظريات المعمول بها أو تنمية القدرات العلمية على مواجهة المشاكل وحلها، فالمحاضرات أسلوب فعال في العديد من الحقول الإدارية والفنية. وإلا أن أهم نقد يوجه إليها أنها لا تمنح الدارس

---

(1)   سنان الموسوي، إدارة الموارد البشرية، ص199 .

فرصة التعبير عن رأيه أو إجراء المناقشة وتقديم المقترحات في بعض جوانب المحاضرة، وبالإمكان تجاوز ذلك عن طريق إفساح المجال للمناقشة المقترحة.

ويمكن أن تزداد فعالية المحاضرات كأسلوب تدريبي إذا كانت تمثل جزءا من طريقة تدريبية أخرى.

ب- الندوات والمؤتمرات وحلقات العمل:

هذه الطريقة التدريبية تسمح بالحركة والتفاعل داخل قاعة الندوة أو المؤتمرات بين المدربين والمتدربين، وبين المتدربين أو المشاركين أنفسهم. (فهي إذن وسيلة متعددة الاتصالات). وغالبا ما تطرح في هذه اللقاءات موضوعات في المشاكل التنظيمية، والسياسات الإدارية، والعلاقات العامة، أو أي موضوعات أخرى لها علاقة بطبيعة عمل المنظمة واهتماماتها المستقبلية. ويتوجب على قائد الندوة أو المؤتمر أو الحلقة أن يكون على درجة عالية من المهارة في المواضيع المطروحة لضمان النجاح الجيد للمؤتمر أو الندوة أو الحلقة.

ج- دراسة الحالة:

وتستخدم هذه الطريقة التدريبية للقيادات الإدارية العليا والوسطى. وتنمي هذه الطريقة في المتدرب القدرة على التحليل والاستنساخ المنطقي، والقدرة على حل المشكلات. وتبدأ هذه الطريقة إما بعرض الحالة بدون مقدمة، أو البدء بمقدمة نظرية عن الموضوع ثم طرح الحالة بعد ذلك وغالبا ما ترتبط الحالة بطبيعة عمل المتدرب.

ومثل ذلك ما يقوم به الأستاذ في الجامعة أو المدرسة، إذ يشرح بعض المبادئ أو القوانين أو النظريات الرياضية والمحاسبية، ثم يعطي الطالب تمارين تطبيقية للوقوف على مدى فهمه لتلك المواضيع وقدرته على استخدام مهارات لحل تلك التمارين. ومن مزايا هذه الطريقة أنها تنمي عند المتدرب القدرة على البحث والتقصي، والقدرة على التفكير المنطقي في الأمور، كما أنها توضح له تعدد الاتجاهات والآراء حول حل المشكلة من بقية المتدربين.

د- تمثيل الدور:

تمثيل هذه الطريقة في استحداث موقف معين أو حالة أو مشكلة من المشاكل الشائعة الحدوث في المنظمات نتيجة للعلاقات التنظيمية أو الإدارية أو الإنسانية، ثم يقوم المدرب بإعطاء المتدرب دورا معينا في المشكلة المطروحة ويطلب منه القيام بتمثيلية واتخاذ كل القرارات الخاصة به. وفي الوقت نفسه يعطي لمتدرب آخر دورا آخرا تتطلب المشكلة وجوده، كأن يمثل الأول دور المشرف الذي يضبط موظفا لا يطبق تعليمات الإدارة في عمله اليومي، فيما يقوم المتدرب الثاني بدور الموظف ومن خلال النقاش بينهما تبرز سلوكيات واتجاهات متعددة يعلق عليها المدرب والمتدربين.

هـ - المباريات الإدارية:

تشير طريقة المباريات الإدارية إلى استخدام أو استحداث موقف تدريجي يشابه إلى حد بعيد مواقف العمل الطبيعية التي يعمل فيها المتدربون. ويقوم كل عضو من أعضاء الدورة التدريبية بدور معين في ذلك الموقف. ويمكن تصوير هذه الطريقة في أحد صورها كما يلي:

- تقسيم المجموعة المشتركة في الدورة إلى مجموعتين متنافستين يمثل كل منهما منظمة أو قسم معين.
- تقوم المجموعتان بتحديد المشكلة المراد مناقشتها أو تحليلها في الاجتماع.
- تختار كل مجموعة مديرا لها يكون بمثابة مدير للمنظمة المقترحة أو القسم المعني، كما تحدد مراكز بقية الأعضاء.
- تقوم المجموعتان بدراسة وتحليل الموضوعات المطروحة في صورة مناقشة مفتوحة، وحوار وجدل ونقد بالشكل الذي يؤدي إلى قرارات معينة.
- بعد الانتهاء من المشكلة يقوم المتدرب بنقد وتحليل كل ما جرى في الاجتماع بما في ذلك القرارات التي أصدرتها كل مجموعة.

و- الوسائل السمعية والبصرية:

تستخدم هذه الطريقة الوسائل السمعية والبصرية الحديثة مثل الفيديو، والدوائر التلفزيونية المغلقة، والوسائل التقليدية مثل السبورة، والأفلام، آلات عرض الشرائح ويتأكد نجاح هذا الأسلوب التدريبي باستخدام جنبا من جنب مع طرق التدريب الأخرى كالمحاضرات والندوات [1].

التدريب في إطار المنظومة الشاملة لتنمية الموارد البشرية:

يلقى التدريب اهتماما متزايدا من المنظمات المعاصرة باعتباره الوسيلة الأفضل لإعداد وتنمية الموارد البشرية وتحسين أداءها، وينطلق هذا الاهتمام المتزايد بالتدريب من الاعتراف بأهمية الدور الذي تلعبه الموارد البشرية في خلق وتنمية القدرات التنافسية للمنظمات، وفي تطوير وابتكار السلع والخدمات، وتفعيل الاستخدام الكفء للتقنيات والموارد المتاحة للمنظمات.

وبرغم تزايد ما ينفق على التدريب والتصاعد المستمر في المؤسسات والمراكز المنشغلة بتوفير خدمات التدريب في عالمنا العربي، فإن الواقع يشهد بأن جانبا كبيرا من أثر التدريب غير محسوس في شكل نتائج وإنجازات، كما أن العائد على الأفراد المتدربين غير واضح من حيث تحسن الكفاءات وارتفاع القدرات. ويعود جانب أساسي من " إشكالية التدريب " في عالمنا العربي - كما هو الحال في كثير من بلاد العالم - إلى التعامل مع التدريب باعتباره عملية مستقلة بذاتها ومنقطعة الصلة بمنظومة شاملة لتكوين وتنمية وتفعيل مساهمات العنصر البشري في المنظمات. كذلك نرى القائمين على مهام التدريب يتعاطونه في شكل جزئيات متفردة وغير مترابطة لا يجمعها إطار فكري متكامل، ولا تسترشد بتوجهات إستراتيجية هادية. من زاوية أخرى، فإن المشاركين في

---

(1)   سنان الموسوي، إدارة الموارد البشرية، ص201 .

العملية التدريبية هم أيضا يباشرون أدوارهم في انعزال وتباعد بعضهم عن الآخر ولا يجمع بينهم فكر الفريق، ولا ينطلقون من منطلقات إستراتيجية مشتركة.

وبذلك تمكن إشكالية التدريب في المنظمات المعاصرة في ظاهرة "الانعزال المتعدد"، حيث تنعزل عمليات التدريب عن باقي مكونات عملية تنمية الموارد البشرية، والتي تنعزل بدورها عن إستراتيجيات وفعاليات المنظمة في قطاعاتها المختلفة ، كما تتباعد عمليات التدريب وتنمية الموارد البشرية جميعا عن معطيات نظام الأعمال العالمي الجديد، وطفرة التقنية الحديثة في العصر الحديث [1].

كذلك، فإن جانبا مهما من إشكالية التدريب يعود إلى غياب "المنهج الإستراتيجي" في التعامل مع قضايا التدريب والانطلاق في أنشطته دون وجود معايير وتوجهات إستراتيجية واضحة تربطه بالاستراتيجيات العامة للمنظمة من جانب وإستراتيجية الموارد البشرية من جانب آخر.

وثمة بعد آخر لإشكالية التدريب تتمثل في افتقاد العلاقة بين التدريب وبين تكوين صلاحيات الفرد في العمل ودفعه إلى المباشرة والتصرف والإبداع والابتكار، وتحمل المسئوليات واتخاذ القرارات وهو ما يشار إليه في أدبيات الإدارة المعاصرة بمبدأ التمكين.

كما أن تقنيات التدريب المستخدمة في أغلب فعاليات وأنشطة التدريب في كثير من المنظمات لا تتماشى مع مستوى التقدم التقني في قطاعات العمل التنفيذي الإداري المختلفة بالمنظمة. ويمكن القول إجمالا أن لب إشكالية التدريب يتمحور في حقيقة أساسية هي اعتباره نشاطا تكميليا وتجميليا وليس باعتباره ركنا جوهريا في البناء الإداري والإستراتيجي للمنظمة.

---

(1) إدارة الموارد البشرية الإستراتيجية، أ. د. علي السلمي، القاهرة، دار غريب، 2001م، ص 227 .

وهدفنا هو التعامل مع المحاور التالية لإشكالية التدريب:

- تقديم تحليلا واضحا لإشكالية التدريب يدور حول المحاور والأبعاد المشار إليها.

- تقديم مفاهيم الإدارة الإستراتيجية والتي تمثل الإطار اللازم لصياغة جهود وفعاليات تنمية الموارد البشرية.

- محاولة بناء تصور إستراتيجي كامل يضع التدريب في موقعه الصحيح في المنظومة الإدارية المتكاملة لتنمية الموارد البشرية.

- بيان انعكاس تلك المفاهيم على عمليات التدريب التربوي.

وتقوم الفكرة الأساسية في هذا الطرح على مجموعة من المفاهيم الأساسية:

- أهمية " التكامل " بين التدريب وبين باقي عمليات إدارة تنمية الموارد البشرية.

- تكامل عمليات التدريب في ذاتها والنظر إلى التدريب باعتباره نظاما متكاملا.

- تكامل واندماج أطراف عملية التدريب ليشكلوا فريق عمل متكامل ومتفاهم.

- انطلاق التدريب من نظرة إستراتيجية تربط بين أهداف وفعاليات التدريب وبين إستراتيجية المنظمة وأهدافها.

- أهمية استخدام التدريب بمثابة الحضانة لتفجير طاقات وإمكانيات الفرد مع إتاحة الفرص له لاستثمارها في الأداء من خلال "التمكين".

- أهمية تطوير تقنيات التدريب لترتفع على مستوى التقنيات المعاصرة للمعلومات والاتصالات.

- إن الربط هو السمة الرئيسية للإدارة المعاصرة، وهو أيضا الشرط الرئيسي لفعالية التدريب بما يتماشى والاتجاه الإداري المعاصر لتطبيق مفاهيم "إدارة العمليات"، والتحول نحو نظم وأساليب التفكير المنظومي.

وتمثل هذه المفاهيم إطارا فكريا يحدد الاتجاه الصحيح نحو التعامل مع قضية التدريب وتفعيله في إطار المنظومة المتكاملة لأنشطة وفعاليات تنمية الموارد البشرية، وباستثمار باقة مترابطة من التقنيات الهادفة إلى إحداث التأثير المستهدف في المستوى المعرفي، قدرات، مهارات، اتجاهات ودوافع الأفراد.

أهداف العملية التدريبية:

- الفصول الدراسية والوحدات التدريبية التي تكمل فيها المواد الدراسية والخطط والموضوعات والوسائل التعليمية المساندة.

- الإرشادات الخاصة بالتدريب وخطوطه العريضة.

- وسائل التقويم التي تعمل على تقويم الأداء وتقييم مستواه.

تطبيق التدريب ويشمل على:

- تطبيق التدريب داخل الوحدات (شكل رقم 1).

- عملية الاختبارات.

آلية إعداد البرنامج التدريبي عن طريق إعداد حقيبة تدريبية لكل مجموعة من المهام تشترك في المعارف.

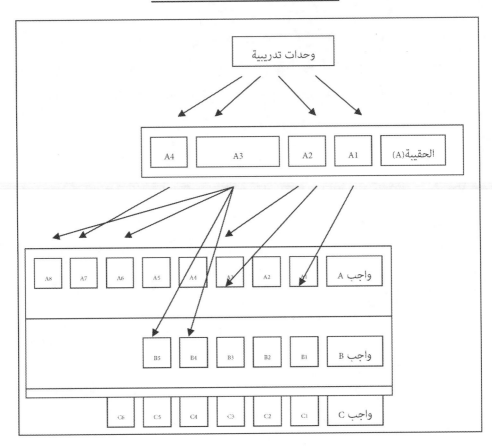

شكل (1)

تطبيق التدريب داخل الوحدات

مراجعة وتقييم البرامج والمناهج:

تستهدف المرحلة الأخيرة لإعداد المعايير المهنية أن التدريب يحقق ثماره ويهيئ عاملين أكفاء[1].

---

(1)   أحمد محمد بوزير، التدريب كأداة من أدوات التدريب، الديكام لربط التدريب باحتياجات التوطين، ورقة مقدمة في ملتقى المدينة الأول للتدريب، التدريب ترف أم استثمار، المملكة العربية السعودية ربيع الأول 1426، ص 6

الفصل الثاني

العلاقة بين التدريب التعاوني واختيار المتدربين
ورفع كفاءة العمل

يركز هذا المبحث على الأسس النظرية للدراسة ذات العلاقة بالتدريب التعاوني اختيار المتدربين ورفع كفاءة العمل.

التدريب التعاوني

مقدمة:

إن العنصر البشري في أية منظمة عملية أو اقتصادية أو خدمية أ وغيرها يعتبر العنصر الأساسي في تلك المنظمة وأن أي منظمة تسعى للنجاح والتفوق والتميز والبقاء على القمة عليها أن تتعامل مع الإنسان أو الفرد تعاملا منهجيا وعلميا من خلال برامج التعليم والتدريب التعاوني وذلك بهدف زيادة وعيه وتزويده بالوسائل الحديثة وتحويله إلى فرد له مميزات قادرة على تحقيق أهداف الوظيفة بالمستوى المطلوب وهذا يتم من خلال الجامعات والكليات التقنية المتخصصة وتعاونها مع منظمات القطاع الخاص ولأن التدريب التعاوني يعتبر أحد الأساليب الفعالة في عملية التنمية الإدارية ذلك يعتبر أحد أساليب تنمية الموارد البشرية التي تحتاجها الدولة في كافة قطاعات العامة والخاصة.

وقد حظي التدريب التعاوني باهتمام واسع في كثير من الدول المتقدمة بعد ما تبين أنه يحقق للمتدرب ولقطاع العمل نجاحا في مختلف المجالات من حيث الإسهام في

دعم الجوانب السلوكية المتعلقة بطبيعة العمل في منظمات العمل العامة والخاصة أو في حصول المتدرب على فرصة وظيفية مناسبة بعد تخرجه.

أولا: مفهوم التدريب التعاوني

التدريب لغة: درب على الشيء بمعنى مرن وحذق، ودرب فلانا بالشيء وعليه بمعنى عوده[1].

التدريب اصطلاحا: يعرف التدريب على أنه إعداد الشخص للاستخدام أو الترقي في أي فرع من فروع النشاط ومساعدته في الإفادة من قدراته، حتى يحقق لنفسه وللمجتمع أكثر ما يمكن من مزايا[2].

وفيما يلي بعض التعريفات التي تناولت التدريب التعاوني:

يرى فرانك وكليرنس" أن التدريب التعاوني برنامج تعليمي يمكن الطالب من اكتساب الخبرة في مكان العمل مع ما تعلمه في الجامعة.

أما جيمس ويلون فيرى أن التدريب التعاوني خطة تعليم يتم من خلالها دمج المنهج مع العمل كعنصر تكاملي منظم.

كما يعرفه التويجري بأنه"فترة تدريبية تعقب الدراسة النظرية يقضيها الطالب في إحدى المنشآت الصناعية أو التجارية ليكتسب الخبرة العملية"[3].

---

(1)   المجمع الوسيط : مجمع اللغة العربية، القاهرة ـ ج 1 ـ ط 3 ـ ص 286 .

(2)   أحمد زكي بدوي، معجم مصطلحات العلوم الاجتماعية، بيروت، لبنان، 1982، ص 429.

(3)   محمد إبراهيم التويجري، جدوى برنامج التدريب العملي (التدريب التعاوني) كأحد أساليب التدريب المبكر أثناء الدراسة الجامعية وبعد التخرج، الإداري مسقط، العدد 48، 49 مارس ـ يونيو 1992 ص 284

ويعرفه العسكر بأنه" عبارة عن برنامج تدريبي مشترك يتعاون في تدريبه كل من المؤسسة التدريبية ومنشآت الأعمال بهدف إكساب المتدرب المهارات العملية المطلوبة[1].

أما حسين " فيرى في التدريب التعاوني أسلوبا يمزج التعليم الأكاديمي بالممارسة العملية الميدانية ذات الصلة بالمنهج الدراسي بصورة تعطي هذه الممارسة وزنا في العملية التعليمية وتكسب المتدرب خبرة عملية تزيد من استعداده للعمل بعد التخرج"[2].

كما يعرف الزعفراني التدريب التعاوني بأنه برنامج يعتمد على إيجاد علاقات اتصال رسمية بين الكلية وأصحاب الأعمال مما يسمح للطلاب الجمع بين العمل والدراسة بهدف اكتساب الخبرة اللازمة[3].

وبناء على تلك التعاريف السابقة نستنتج أن برنامج التدريب التعاوني: هو برنامج تنظمه المؤسسات التعليمية والتدريبية، يقدم فيه التدريب العملي للمتدرب - في مجال تخصصه - لدى أحد المنظمات ويهدف إلى تزويده بالخبرة العملية وتنمية قدراته الوظيفية والمهنية وتعميق المفاهيم التي تلقاها نظريا عن طريق ربطها بالواقع العملي.

ثانيا: نشأة التدريب التعاوني

تعد البداية الحقيقية للتدريب التعاوني في الولايات المتحدة الأمريكية في عام 1906م في (جامعة سنستاتي) حيث قام عميد كلية الهندسة بالجامعة باكتشاف ملاحظتين:

---

(1) هلال العسكر، التدريب التعاوني مفهومه وأهدافه تجارية الرياض، العدد 283 محرم 1415هـ - ص 88.

(2) حسين، عمر منصور، توظيف العمالة الوطنية، التدريب التعاوني هو الحل، مجلة اليمامة، العدد 1301 ذو القعدة 1414هـ ص 12

(3) منصور محمد الزعفراني، دراسة مقارنة للنظام الكليات والمعاهد التقنية في إنجلترا والولايات المتحدة الأمريكية ومدى إمكانية الإفادة منها في تطوير نظام الكليات التقنية المتوسطة بالمملكة العربية السعودية، رسالة دكتوراه، كلية التربية، جامعة عين شمس، القاهرة، 1994م - ص 146.

- الأولى: يصعب على الطلاب تعلم بعض الموضوعات الهندسية داخل الفصول ويسهل عليهم استيعابها عند التدريب الميداني

- الثانية: أن الأعمال التي يقوم بها المتدربين أثناء دراستهم تعتبر هامشية ولا تساهم في اكتساب الطالب الخبرة اللازمة.

هاتان الملاحظتان دعتا العميد شنايدر إلى تطبيق برنامج التدريب التعاوني، وعلى الرغم من ظهور التدريب التعاوني في الولايات المتحدة الأمريكية منذ بداية القرن العشرين إلا أن الانتشار الواسع لهذا النوع كان في عقد الستينات خصوصا بعد صدور قانون التعليم المهني المعدل سنة 1968م

هذا وقد سعت كثير من الدول إلى تطبيق برامج التدريب التعاوني حيث تعد جامعة (واترلو) الكندية واحدة من التجارب الناجحة في تطبيق التدريب التعاوني حيث بدأت في عام 1957م بتطبيق البرنامج في كلية الهندسة ثم تم تطبيقه بالتدرج على طلاب الفيزياء والكيمياء والرياضيات ثم توسعت في السبعينات ليشمل العلوم الإنسانية والاجتماعية وقد بلغ عدد الطلاب المسجلين في برامج التدريب التعاوني بالجامعة أكثر من عشرة آلاف طالب في عام 1991م [1].

وفي عام 1903م طبق التدريب التعاوني ببريطانيا بشكل جزئي في كلية سندرلاند الفنية للهندسة وبناء السفن ويختلف البرنامج عن الدول الأخرى من حيث أنه:

- يلزم الطالب بالوظيفة وموقع العمل بينما في أمريكا وكندا يعطي الطالب حرية الاختيار.

- إقرار التدريب يتم بين الجامعة وجهة العمل بينما في أمريكا وكندا يتم التفاهم بين الطالب وجهة العمل.

---

(1)   مجلس القوى العاملة، الأمانة العامة، التعليم التعاوني، المفاهيم والتطبيقات وخطوات التنفيذ، الطبعة الثالثة، مكتبة الملك فهد، الرياض، 1417هـ ــ 1996م ــ ص ص 13، 14.

أما في ألمانيا فقد ركز نظام التعليم عام 1908م على أهمية التدريب المهني بعد المدرسة الإعدادية مباشرة، ويؤدي هذا النظام بعد تدريب يستمر إلى ثلاثة أعوام ونصف العام إلى الحصول على مؤهل عامل متخصص في حوالي 400 مهنة معترف بها.

ولم يقتصر تطور التعليم التعاوني وانتشاره على الدول المتقدمة فقط بل امتد ليشمل الدول النامية. مع اختلاف أساليب تطبيقه ففي إيران تقام دورات فنية لمدة أسبوعين لطلاب المدارس الثانوية والتعليم العالي. ويمضي طلاب الكليات والمعاهد الصناعية المتخصصة وقتهم داخل المصانع في فيتنام وكوريا الديمقراطية، أما في أثيوبيا وتنزانيا فإن طلاب الجامعات مطالبون بالعمل لمدة عام أو عامين في مجال الزراعة أو الخدمات الاجتماعية[1].

وتركز الصين من خلال برامجها على التعليم التعاوني الزراعي حيث تعد جامعة (شانكسي الزراعية) رائدة في هذا المجال وتهدف إلى إكساب الطالب خبرة عملية في الجانب الزراعي.

أما على صعيد الدول العربية فقد بدأت مؤسسات التعليم العالي بتبني هذا النوع من البرامج من خلال التنسيق والتكامل بين مؤسسات التعليم العالي ومنظمات العمل في مختلف المجالات، ومن هذه الدول المملكة العربية السعودية.

ثالثا: مفاهيم التدريب التعاوني

من المهم للدارس في مجال التدريب بشكل عام والتدريب التعاوني بشكل خاص أن تكون لديه صورة واضحة وإلمام ببعض المفاهيم التي تبدو في ظاهرها وكأنها لا تختلف عن موضوع التدريب التعاوني وعلى الرغم من التداخل الذي قد يحدث بين

---

(1) بيكاس سانيال، التعليم العالي والنظام الدولي الجديد، ترجمة مكتب التربية العربي للدول الخليج، الرياض 1987م ص ص 69، 70.

تلك المصطلحات وبين مفهوم التدريب التعاوني إلا أنه يجب عدم الخلط فيما بينهما من حيث المفاهيم والمعاني فالتدريب التعاوني (هو برنامج تنظمه المؤسسات التعليمية والتدريبية، يقدم فيه التدريب العملي للمتدرب - في مجال تخصصه - لدى أحد المنظمات ويهدف إلى تزويده بالخبرة العملية وتنمية قدراته الوظيفية والمهنية وتعميق المفاهيم التي تلقاها نظريا عن طريق ربطها بالواقع العملي)، ومن هذه المصطلحات[1].

- التدريب على رأس العمل: يقوم هذا الأسلوب على تدريب العاملين على وسائل كيفية الأداء الصحيح عن طريق الرئيس المباشر في العمل، حيث يعرض أمام الموظفين المتدربين طريقة الأداء الصحيحة ويستخدم هذا التدريب غالبا في الأعمال الصناعية[2].

- التعلم التعاوني: هو الاستخدام التعليمي لمجموعات صغيرة من الطلاب (2- 5 طلاب) بحيث يسمح للطلاب بالعمل سويا وبفاعلية، ومساعدة بعضهم البعض لرفع مستوى كل فرد منهم وتحقيق الأهداف التعليمية[3] التعليم الثنائي: شكل من أشكال التعليم تشترك فيه المؤسسات التعليمية مع منظمات القطاع الخاص في تنفيذ الخطة الدراسية للطلاب التي تهدف إلى توظيفهم بعد التخرج وتتحمل تلك الشركات مع الأكاديميين في المؤسسات التعليمية تصميم المناهج وتقويم الطلاب[4].

---

(1)   عبد العزيز بن علي الغامدي اتجاهات طلاب الكليات التقنية نحو العمل الفني التقني، دراسة ميدانية على الكليات التقنية بالمملكة العربية السعودية، رسالة ماجستير غير منشورة، كلية الاقتصاد والإدارة، جامعة الملك عبد العزيز، 1421هـ ـ 2000م

(2)   راشد محمد الزهراني، عبد الله فهد الشهراني، تأثير برنامج التدريب التعاوني بالكليات التقنية على الجهات التدريبية، المؤتمر والمعرض التقني السعودي الثالث، المؤسسة العامة للتعليم الفني والتدريب المهني، الجزء الرابع، 1425هـ ـ ص 121.

(3)   زايد الحارثي، التعلم التعاوني أهميته والحاجة إلى تطبيقه في تعليمنا الجامعي، الندوة السعودية الأولى عن التعليم التعاوني، جامعة الملك فهد للبترول والمعادن، الظهران، 1416هـ ص 62.

(4)   عيسى حسن الأنصاري، التعليم التعاوني في الكلية التقنية بالدمام، بين الواقع والاتجاهات الحديثة، الندوة السعودية الأولى عن التعليم التعاوني، جامعة الملك فهد للبترول والمعادن، الظهران، 1416هـ ص 12 .

- التدريب الميداني: الجزء العملي من المقرر الدراسي الذي يتدرب عليه الطالب في مواقع العمل أثناء الدراسة [1].

- التعليم التعاوني: شراكة فعلية بين مؤسسات التدريب ومؤسسات سوق العمل من خلال المشاركة في تنفيذ المناهج الدراسية، الهدف منه تلبية احتياجات سوق العمل حيث تشارك المؤسسات التعليمية مع مؤسسات سوق العمل في عمليات تقييم المهارات من خلال اختبارات نظرية وعلمية في مواقع العمل يتحقق منها إلمام الطالب بتطبيق المهارات المكتسبة ويقضي المتدرب النسبة الكبرى من المدة الزمنية للدراسة في مواقع العمل الفعلية [2].

ويجب القول أن ما تم ذكره من مصطلحات تبدو متشابهة فيما بينها وبين مفهوم التدريب التعاوني وخاصة لغير المتخصصين.

أما الفروق يمكن حصرها في أن التدريب على رأس العمل يهتم بعرض الرئيس المباشر للطريقة الصحيحة على المتدربين حيث يتم التفاعل بينهما بينما في التعلم التعاوني يكون التفاعل بين المجموعات الصغير في هذا النوع من التعلم أما في التعليم الثاني نجد هناك اشتراك بين منظمات القطاع الخاص ومؤسسات التعليم في تصميم وتنفيذ المناهج وتقويم الطلاب أما في التعليم الميداني يكون الاهتمام مركزا على التطبيق فقط بينما التعليم التعاوني يركز على تقيم المهارات عن طريق الاختبارات النظرية والعملية ومن ذلك يتضح أن أهم الفروق تتمثل كما هو موضح بالجدول (1).

---

(1)   عيسى الأنصاري المرجع السابق ص 119.

(2)   المرجع السابق.

نوع التدريب	المستفيد من البرنامج	جهة انعقاد البرنامج	نوع البرنامج	فترة التنفيذ	المدة	الفوائد
التدريب التعاوني	المتدرب	منظمات الأعمال	تدريبي	الفصل أ والفصلين الأخيرين	من ثلاثة إلى ثمانية شهور	تطبيق المهارات المهنية في الواقع العملي
التدريب على رأس العمل	الموظف	منظمات الأعمال	تدريبي	أثناء العمل	حسب العمل	التدريب على أداء العمل بالشكل الصحيح
التعلم التعاوني	الطالب	المؤسسات التعليمية	تعليمي	أثناء المحاضرة	متاح أثناء المقرر الدراسي	تبادل ونقل المعرفة بين الطلاب
التعليم الثنائي	الطالب	شراكة بين المؤسسات التعليمية ومنظمات الأعمال المحددة	تعليمي وتدريبي	فترة الدراسة كاملة	مدة دراسة الطالب بالكلية	حصول منظمات الأعمال على أفراد مدربين بإشرافهم
التدريب الميداني	الطالب	المؤسسات التعليمية بالتعاون مع منظمات الأعمال	تعليمي وتدريبي	أثناء الدراسة	خلال الفصل الدراسي	تطبيق عملي للمنهج الدراسي
التعليم التعاوني	الطالب منظمات الأعمال المؤسسات التعليمية	المؤسسات التعليمية ومنظمات الأعمال	تعليمي وتدريبي	قبل وإثناء وبعد الدراسة	حسب البرنامج التعليمي والتدريبي	اكتساب المتدرب للمهارات المطلوبة للسوق العمل وتلبية احتياجات منظمات الأعمال وتحقيق أهداف المؤسسات التعليمية

رابعا: أنواع برامج التدريب التعاوني

هناك العديد من برامج التدريب التعاوني المختلفة في طبيعتها من مؤسسة تعليمية إلى أخرى ومن أهم أنواعها[1].

- البرامج الإجبارية: يشكل هذا النوع من البرنامج في الولايات المتحدة حوالي 10% من إجمالي البرامج المطبقة هناك ويطبق في جامعات ديترويت وسينسناتي ودر كسل ويعتبر هذا النوع جزءا أساسيا في العملية التعليمية.

- البرامج الاختيارية: هذا البرنامج سائد في كثير من جامعات ومعاهد أمريكا وكندا. وهذا النوع يعطي الطالب الحرية في الالتحاق بالبرنامج التعاوني الذي يرغب به ويمنحه الاختيار ما بين الدراسة في قاعات الدرس أو بالقيام بالبرنامج مع جهة العمل.

- البرامج الانتقائية: يتم تسجيل الطالب في هذا البرنامج بطريقة انتقائية من قبل الجامعة أو الكلية حيث يقبل مستويات محددة من الأداء ولاستمراره يجب أن يحقق مستويات أعلى.

خامسا: مستويات برامج التدريب التعاوني

تنقسم مستويات برامج التدريب التعاوني بشكل عام إلى[2] المستوى المتوسط: فترة الدراسة في هذا المستوى تتراوح بين سنتين وثلاث سنوات وتطبق في المعاهد الفنية والتقنية والكليات الجامعية المتوسطة.

- المستوى الجامعي: فترة الدراسة بين أربع وخمس سنوات تبعا للتخصص الدراسي ويطبق في الكليات الجامعية.

---

(1)   مجلس القوى العاملة مرجع سابق، ص 7.

(2)   المرجع السابق ص 8.

- المستوى فوق الجامعي (الدراسات العليا): يلتحق بهذا المستوى من البرامج الحاصلون على الدرجة الجامعية الأولى الذين يدرسون للحصول على الماجستير أو يحضرون للحصول على درجة الدكتوراه.

سادسا: فوائد التدريب التعاوني

هناك العديد من الفوائد التي يمكن تحقيقها عند تطبيق برامج التدريب التعاوني سواء لجهة التدريب أو للمتدرب أو لمنظمات الأعمال.

وفيما يلي نتناول الفوائد التي تتحقق عند تطبيق التدريب التعاوني:

1- فوائد التدريب التعاوني للمؤسسات التدريبية (التعليمية):

- قيام التدريب في المؤسسات التعليمية على مناهج قوية تجمع بين النظرية والتطبيق.

- يسهم التدريب التعاوني عن طريق التقارير الدورية للمتدربين في التعرف على المشكلات الفعلية لمنظمات العمل التي يمكن تحويلها إلى دراسات بحثية بحيث يصبح الاستفادة من هذه البحوث واقعا عمليا تطبيقيا[1].

- المساعدة في ربط برامج جهة التدريب باحتياجات سوق العمل.

- توفير أيد عاملة مؤهلة تقوم بواجبها الوظيفي والمهني.

2- فوائد التدريب التعاوني للمتدرب:

- إكساب المتدرب مهارة وخبرة عملية.

- يساعد المتدرب في الحصول على وظيفة وراتب أعلى من زملائه في التعليم التقليدي بعد تخرجه[2].

---

(1)   بيكاس سانيال مرجع سابق ص 30.

(2)   الكلية التقنية بالرياض دليل التدريب التعاوني، الطبعة الثالثة، الرياض 1421هـ ص 5 .

- يساعد المتدرب على تحديد مساره الوظيفي ويهيئ له الانضباط في العمل.

- يتيح للمتدرب التعرف على بيئات العمل المختلفة.

- يسهل للمتدرب اتخاذ القرار المتعلق باختيار مكان العمل.

- يساعد المتدرب في تطوير الجوانب التعليمية والتربوية، وذلك عن طريق ربط الجوانب النظرية التي يتعلمها بتطبيقاتها العملية، مما يساعد كثيرا في رفع قدرته التحصيلية[1].

3- فوائد التدريب التعاوني لمنظمات العمل:

- المساعدة في اختيار الكفاءات المناسبة من الخريجين من خلال تعامل هذه المنظمات مع المتدربين أثناء فترة التدريب[2].

- إعطاء قطاعات العمل فرصة المشاركة في تطوير البرامج التدريبية.

- يتيح برنامج التدريب التعاوني اقتراح ووضح التعديلات الضرورية على مناهج وبرامج التدريب وفق احتياجات العمل.

- مشاركة المنظمات في برنامج التدريب التعاوني يوضح للرأي العام أن للمنظمة دور في المجتمع.

سابعا : نشأة التدريب التعاوني في المملكة العربية السعودية

بدأ تطبيق التدريب التعاوني في جامعة الملك فهد للبترول والمعادن في عام 1969م تحت مسمى البرنامج التعاوني عندما اعتمدت الجامعة تطبيقه على طلاب الهندسة التطبيقية وكلية الإدارة الصناعية وكلية علوم وهندسة الحاسب الآلي كجزء لا يتجزأ

---

(1) وحيد أحمد الهندي، التدريب الإداري في برنامج الماجستير، في إدارة الصحة والمستشفيات، الندوة السعودية الأولى عن التعليم التعاوني، جامعة الملك فهد للبترول والمعادن، الظهران، 1416هـ ص 194

(2) الكلية التقنية بالرياض مرجع سابق ص 5

من البرنامج الأكاديمي حيث تقيم مدة التدريب العملي بتسع ساعات معتمدة من ساعات البرنامج الأكاديمي.

ويعتبر المتدرب (الطالب) خلال فترة التدريب موظفا تابعا للمنظمة التي يعمل بها ويخضع للإجراءات التي تنطبق على موظفي المنظمة. ولا يسمح له أن يتمتع بالعطل الرسمية الخاصة بالجامعة أثناء التدريب[1].

بعد ذلك اتجهت مؤسسات التعليم العالي الأخرى إلى إدخال التدريب التعاوني في بعض كلياتها حيث تم تطبيقه في كل من جامعة الملك سعود بالرياض وجامعة الملك عبد العزيز بجدة، وجامعة الملك فيصل بالأحساء.

أما في كليتي الجبيل وينبع الصناعيتين فطبق برنامج التدريب التعاوني في عام 1409هـ بهدف تلبية حاجة المدينتين الصناعيتين من القوى العاملة الوطنية المؤهلة لتشغيل وصيانة المشاريع المختلفة.

وفي معهد الإدارة العامة يطبق التدريب التعاوني تحت مسمى التدريب العملي منذ عام 1410هـ من خلال البرامج الإعدادية الموجهة لحاملي الشهادات الجامعية والثانوية العامة بقسميها من حديثي التخرج الذين يعدون للعمل الوظيفي في القطاع الحكومي أو الخاص، ويقضي المتدرب (الطالب) فترة التدريب العملي في الفصل الأخير من المدة الدراسية وتختلف مدتها حسب البرنامج، ويعتبر اجتياز التدريب العملي شرط من شروط التخرج في برامج المعهد الإعدادية[2].

كذلك تم تطبيق التدريب التعاوني في وحدات المؤسسة العامة للتعليم الفني والتدريب المهني من كليات تقنية ومعاهد ثانوية وصناعية وتجارية ومراكز التدريب المهني وسيتم توضيح هذه التجربة بالتفصيل في الفقرة التالية:

---

(1)   جامعة الملك فهد للبترول والمعادن، دليل البرنامج التعاوني 1407هـ ص ص 3، 7.

(2)   معهد الإدارة العامة إدارة تصميم وتطوير البرامج، مجموعة أدلة البرامج الإعدادية، 1417هـ ـ ص 20

ثامنا: التدريب التعاوني في الكليات التقنية

تعيش المملكة العربية السعودية في تاريخها المعاصر مرحلة تنموية ضخمة شملت مختلف جوانب الحياة، ومنها تنمية القوى البشرية الوطنية. وقد اهتمت الدولة بتنمية القوى البشرية بشكل كبير فأنشأت لذلك المؤسسات الحكومية التي تخطط وتشرف على البرامج التعليمية والتدريبية، ولأهمية التدريب التقني والمهني صدر الأمر الملكي رقم م/30 وتاريخ 1400/8/10هـ القاضي بإنشاء المؤسسة العامة للتعليم الفني والتدريب المهني، متضمنا نقل مراكز التدريب المهني من وزارة العمل والشؤون الاجتماعية والمعاهد الفنية من وزارة المعارف والجهات الأخرى إلى المؤسسة.

ونتيجة لدعم الحكومة وبفضل الله سبحانه وتعالى استطاعت المؤسسة مضاعفة أعداد الخريجين ونشر التدريب التقني والمهني في مدن المملكة.

وقد شمل مرسوم إنشاء المؤسسة على أنها مسئولة عن تنفيذ الخطط الموضوعة لتطوير القوى العاملة في المجالات التالية:

1- مجالات التعليم الفني المختلفة (الصناعة، الزراعة، التجارة)

2- مجالات التدريب المهني (التدريب المهني للراشدين، التدريب التمهيدي، الإعداد المهني، التدريب على رأس العمل. وغيرها)

3- إجراء البحوث والدراسات المهنية لتطوير الأداء والكفاية الإنتاجية للقوى العاملة الوطنية.

ونظرا لما تشهده قطاعات التنمية في المملكة العربية السعودية من نهضة تنموية دعت الحاجة إلى التدريب التقني من خلال إنشاء العديد من الكليات التقنية التي تغطي مناطق المملكة لتأهيل وتدريب الشباب في جميع مجالات التقنية وتهدف إلى تخريج عدد مساعدي المهندسين وتكون مؤهلاتهم بدرجة دبلوم، ويبلغ عدد الكليات التقنية بالمملكة العربية السعودية حاليا 28 كلية موزعه على جميع مناطق المملكة. تطبق تلك

الكليات النظام الفصلي حيث ينقسم العام الدراسي إلى فصلين دراسيين مدة كل فصل خمسة عشر أسبوعا ويتطلب تخرج المتدرب في مرحلة الدبلوم اجتيازه لعدد من والوحدات الدراسية المعتمدة في التخصص بالإضافة إلى فصل للتدريب التعاوني، أما في مرحلة البكالوريوس التطبيقي يتطلب اجتياز الطالب عدد من الوحدات الدراسية بالإضافة إلى عدد من الوحدات الدراسية التأهيلية في اللغة الإنجليزية والتي يشترط اجتيازها خلال فصل دراسي بمتوسط لا يقل عن (70%)، وذلك وفق الخطة الدراسية التي يقرها مجلس الكليات.

ويشمل برنامج الدبلوم في الكليات التقنية التخصصات التالية: التقنية الكهربائية، التقنية الميكانيكية، التقنية الكيميائية، التقنية الإدارية، تقنية الحاسب، التقنية الإلكترونية، تقنية الفندقة والسياحة، تقنية الاتصالات، التقنية الزراعية وتقنية صحة البيئة.

وبجدر بنا أن نشير أن هناك برنامج يمنح درجة البكالوريوس في الهندسة التقنية بالكلية التقنية بالرياض يهدف إلى إعداد مدربين تطبيقيين للعمل في وحدات المؤسسة التدريبية. وقد أفتتح هذا البرنامج عام 1413هـ واشتمل على تخصصات: التقنية الكهربائية، تقنية المحركات والمركبات، تقنية الإنتاج، تقنية المختبرات الكيميائية، تقنية الإنتاج الكيميائي والتقنية الإلكترونية[1].

تسعى المؤسسة نحو تخريج كوادر مهنية قادرة على تحقيق متطلبات سوق العمل والاهتمام بالمتدربين بتأهيلهم التأهيل المناسب والحرص على حصولهم على وظائف مناسبة أيضا ولتحقيق ذلك قامت المؤسسة بتطوير مناهجها وبرامجها التدريبية من خلال التحليل الوظيفي للمهن وصولا إلى المعايير المهنية الوطنية التي تساعد في رفع كفايات ومهارات القوى العاملة الفنية والمهنية وينظم تدرجها في الحياة العملية وفق أساليب تضمن

(1) المؤسسة العامة للتعليم الفني والتدريب المهني، التعليم الفني والتدريب المهني الماضي والحاضر، مطابع البيان الرياض ط 4، 1415هـ ص ص 16، 17.

الكفاية وتطوير المهارة، وفيما يلي استعراض للنموذج الذي تبنته الإدارة العامة لتصميم وتطوير المناهج بالمؤسسة العامة للتعليم الفني والتدريب المهني [1].

نموذج التحليل الوظيفي:

- يعتمد هذا النموذج على تطوير البرنامج والمنهج التدريبي المرتكز على مناهج التعليم الفني والتقني من خلال مجموعات صغيرة أعضاؤها ذوي كفاءة متخصصة وممارسين للمهنة يقومون بتحديد المهام والواجبات والوظيفية للمهنة المستهدف تحليلها بناء على ذلك تتم عملية البناء أو العديل لمحتويات المنهج التدريبي علما بأن هذه المجموعة يقودها مختص في المناهج.

ولعل من أهم ما يميز هذه الطريقة ويرجح عملية الأخذ بها ما يلي:

- مشاركة قطاعات التنمية والإنتاج (الصناعية، التجارية، الزراعية، الخدمات... الخ) في عمليات تطوير برامج ومناهج التدريب التقني والمهني.

- تحديد المهام والواجبات الوظيفية اللازمة لإكمال أو تنفيذ عمل معين بأسلوب عملي منظم، وربط المنهج التدريبي بنتائج هذا التحديد.

وقد سعت الإدارة العامة لتصميم وتطوير المناهج في مجال البحث عن أفضل الأساليب المتبعة في التحليل للوظيفة إلى ما يتسم بالمرونة وقلة التكلفة والسرعة في الإنجاز والاستفادة من تجارب الدول الأخرى وكان من أبرز النتائج التي تم التوصل إليها في مجال تطوير المناهج في تلك الدول ما يلي:

- أهمية التوصيف والتصنيف المهني الذي يتم من خلاله إعداد الوصف الوظيفي للأعمال والمهن وتحليلها ثم بناء المناهج على هذا الأساس.

---

(1) الإدارة العامة لتصميم وتطوير المناهج، مرجع سابق، ص ص 13، 14 .

- أن تتضمن المناهج قاعدة عريضة من المعارف والمهارات لتدريب المتدربين لتكون لديهم القابلية على استيعابها في أي من مجالات القاعدة.

- ضرورة مشاركة الفنيين والمختصين من العاملين في مؤسسات العمل في الجهود التي تبذلها مؤسسات التعليم الفني والتقني في تطوير البرامج وإعدادها.

- أهمية تميز المناهج بالمرونة وإعداد وحدات متكاملة يسهل استخدامها في عدة مجالات.

- أن تتم عملية تطوير المناهج على فترات زمنية متقاربة.

- إن نجاحات سوق العمل تخضع لمتغيرات كثيرة وعلى تلك المناهج الاستجابة لتلك التغيرات.

- تشجيع مؤسسات العمل على تبني فكرة إنشاء مراكز تدريب مهنية خاصة بها وعمل حلقة وصل بينها وبين مؤسسات التعليم التقني والفني.

وفيما يلي نستعرض طريقة تطوير البرامج والمناهج بناء على التحليل الوظيفي للمهن التي تم تطويرها بما يتلاءم مع متطلبات سوق العمل السعودي ويتناسب مع أهداف وإمكانات المؤسسة العامة للتعليم الفني والتدريب المهني، وهي ما يعرف بالمعايير المهنية.

المعايير المهنية الوطنية بالمؤسسة:

إن التحديث والتطوير المستمر يعد عنصرا مهما في العملية التعليمية ويضمن حيويتها ومواكبتها للمتطلبات والمستجدات، في مجال التعليم الفني والتدريب المهني ويكتسب تطوير وتحديث البرامج والمناهج أهمية كبيرة بسب خصوصية هذا النوع من التعليم وارتباطه المباشر بالتطور السريع في التقنية وأساليب العمل والتشغيل.

وقد شرعت المؤسسة العامة للتعليم الفني والتدريب المهني بجهد ذاتية – من

قبلها ومن خلال دعم مادي قدمته الشركة البريطانية للطيران والفضاء (BAE systems) خلال العامين الماضيين 1424هـ-1425هـ من أجل إعداد وبناء معايير للمهارات المهنية الوطنية لجميع المهن التي تندرج ضمن نطاق اختصاصها حيث تم الانتهاء من بناء المعايير المهنية لأكثر من مائة مهنة ولكي يتم الوصول لهذا الهدف وتحقيق هذه الغاية تم تكوين لجنة عامة لإعداد وتطوير برامج ومناهج للتعليم الفني والتدريب المهني لوضع تصور شامل للتحديث والتطوير وقد أرتكز هذا التحديث والتطوير على تكوين لجان متخصصة لكل تخصص مثل الكهرباء أو الكيمياء أو غيرها وتتفرع من كل لجنة تخصصية لجان فرعية متخصصة في التحليل الوظيفي الذي يدفع به للجان أخرى تكون مسئولة عن إعداد وكتابة المناهج ومن ذلك يتضح مدى ترابط كل لجنة بأخرى في مجال تخصصها وتكون تلك اللجان في مجملها احتياجات سوق العمل وقد خلصت اللجنة إلى " الإطار العام لتطوير برامج ومناهج المؤسسة العامة للتعليم الفني والتدريب المهني. كما هو موضح بالشكل رقم (2).

51

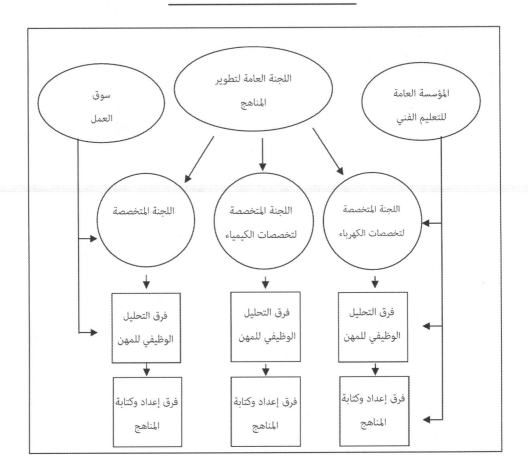

شكل رقم (2)

الهيكل التنظيمي للجان إعداد المعايير المهنية الوطنية وتصميم البرامج والمناهج

وبما أن خطة التطوير تتألف من عدة مراحل أساسية الترابط بين ما يتعلمه المتدرب في الوحدة التعليمية والتدريبية والواقع العملي للتخصص في سوق العمل، ومن أهم المراحل التي تتبع هي:

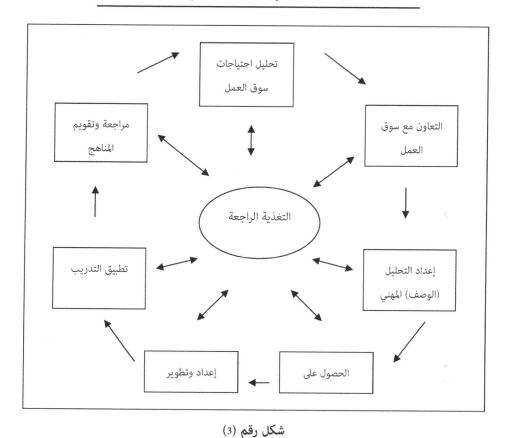

شكل رقم (3)

مراحل إعداد المعايير المهنية الوطنية وتصميم البرامج والمناهج

1- تقدير الاحتياجات في سوق العمل:

ليتم تقدير احتياجات سوق العمل لابد من أجراء الدراسات عنه بالاستقصاء والمقابلات الشخصية مع المعنيين في السوق وجمع كافة المعلومات التي يستبين من خلالها واقع المهن والفرص الوظيفية المتاحة وتحديد أي المستويات التأهيلية المطلوبة، وهذا كله يتم بهدف تحديد وتقرير ما يحتاجه سوق العمل من كافة التخصصات سواء كانت تقنية أو مهنية.

2- التعاون مع سوق العمل:

نتيجة لأهمية التعليم الفني والتدريب المهني لما يقوم به من إمداد مستمر لسوق العمل من الكفاءات المهنية والتقنية، تكونت مجموعة من اللجان التخصصية تضم عددا من الممارسين في سوق العمل ومن المتخصصين في هذا المجال، حيث هدفت للاهتمام بالتطوير والتحديث للمناهج والبرامج على أن تكون مرتبطة ارتباطا وثيقا بواقع ومتطلبات المهن في سوق العمل، بالإضافة لتطوير المعايير والمقاييس للمهارات التي على أساسها يتم التطوير والتحديث المستهدف من البرامج والمناهج التي يحتاجها سوق العمل.

3- التحليل الوظيفي للتخصص (ورش عمل):

اجتماع لفيف من المختصين والممارسين في سوق العمل في ورش عمل متخصصة ومختصة بتحليل وتوصيف الوظائف، وتحديد مواصفاتها ومتطلباتها والمهارات والمعارف والسلوكيات التي من المفترض أن يتمتع بها الشاغل لأداء مهام وظيفته. ويتكون أعضاء الورشة بين (5-12) عضوا من ذوي الخبرة والتميز في مهنة ما من سوق العمل من ذوي التخصص في هذا المجال، بالإضافة لمنسق الورشة ومساعده حيث يعملا على تحديد الهدف من الورشة والوسائل التي تساعد على خدمة التطوير، وإعداد الجداول التي توضح وتصف الواجبات والمهارات والمعارف والسلوكيات المطلوبة للوظيفة التي يتم تحليلها و وصفها.

4- الحصول على المهارات:

يقوم ممثلو سوق العمل في اللجان التخصصية بتوضيح وتحديد البيانات للخطوات، والمعارف والسلوكيات، ومعايير الأداء المطلوبة لكل مهمة، ومن ثم يتم مقارنتها من قبل اللجنة العامة للمناهج مع المعايير والمقاييس للمهارات في الدول المتقدمة ويتم تعديلها إذا اقتضت الضرورة لتصبح البيانات الخاصة بالمقاييس والمعايير وطنية التخصص بعد الموافقة عليها من قبل اللجنة الاستشارية لتطوير المناهج.

5- مرحلة تصميم وتطوير البرامج والمناهج:-

هذا المرحلة تأتي بعد موافقة اللجنة الاستشارية على المعايير والمقاييس الوطنية للتخصص حيث باستطاعة مصممي التخصص تحديد آلية التدريب الذي يرتكز على تزويد المتدرب بالخبرة العملية والعلمية والمعلومات والمهارات والسلوكيات الضرورية واللازمة للمهنة حيث تم تحديد كل من:

- الأنشطة التعليمية المساعدة.

- العلوم النظرية والتطبيقية للتخصص.

منذ بداية صياغة المعايير المهنية الوطنية بالمؤسسة عملت على إعداد معايير لما يزيد عن مائة مهنة فنية وتقنية وحرفية شملت جميع الجوانب مثل المحركات والمركبات والتبريد والتكييف.

بعد إن يقضي المتدرب فترة التدرب في الكلية التقنية تأتي مرحلة التدريب التعاوني الذي يعد من الخطة التدريبية وتحسب بأربع ساعات ضمن معدله التراكمي ويتم تنفيذ برنامج التدريب التعاوني في الفصل الأخير ضمن خطة المتدرب، وأهم ما جاء في لائحة التدريب التعاوني الخاصة بالكليات التقنية بالمؤسسة العامة التعليم الفني والتدريب المهني بأن التدريب التعاوني جهد مشترك بين الوحدة التدريبية وقطاع العمل الذي يتيح للمتدرب تطبيق المهارات التي اكتسبها خلال فترة تدريبه وتوجيهه إلى قطاع العمل بما يوافق تخصصه. وتكون الأولوية لانضمام المتدرب للعمل بالقطاع الخاص ثم القطاع العام.

على أن تكون مدة التدريب التعاوني سبع ساعات يوميا على الأقل وذلك لمدة فصل تدريبي كامل لا يقل عن ستين يوما تدريبا فعليا، ويجوز تنفيذ برنامج التدريب التعاوني في الفصل التدريبي الصيفي، ويتم تقييم أداء المتدرب خلال فترة التدريب من مائة درجة حيث تقوم جهة التدريب بتقييم أداء المتدرب بنسبة(40%) أما المشرف من

قبل الوحدة التدريبية فيقيم أداء المتدرب بنسبة (30 %) فيما تخصص (20 %) لتقييم التقرير المقدم من المتدرب في نهاية فترة تدريبه إضافة إلى حصوله على (10%) في حالة حضوره المستمر خلال فترة التدريب.

أما في حالة غياب المتدرب أثناء فترة التدريب ما يعادل ما نسبته (15%)من مدة التدريب بدون عذر يحرم من التدريب أما إذا تجاوزت نسبة الغياب (20%) من مدة التدريب بعذر أو بدون عذر فإن المتدرب يعتبر راسبا في التدريب التعاوني.

ويعد برنامج التدريب التعاوني مقرر تدريبي من حيث النجاح والرسوب والإعادة ويتم إدراج نتيجته في سجل المتدرب، ويمكن للمتدرب أن يتدرب على برنامج التدريب التعاوني في مكان عمل المتدرب إذا كان موظفا والعمل في نفس مجال التخصص ويجوز تنفيذه في مدينة أخرى عند توفر نفس الوحدة التدريبية والتخصص في المدينة، ووجود مبرر للنقل، وموافقة الوحدة التدريبية التي يتبع إليها المتدرب وموافقة الوحدة التي ستشرف على المتدرب.

اختيار العاملين وأثره في رفع كفاءة العمل و الإنتاج

إن أي منظمة من المنظمات تهتم بتحديد حاجتها من الأفراد من ناحية الكم والكيف ولكن هذا التحديد لا بد أن يكون مقترنا بتوصيف الوظائف المحددة وهذه الخطوة تليها خطوة اجتذاب الأفراد الذين تحتاجهم وفق للمهارات المطلوبة المحددة للعمل على ملء الشواغر وتغريهم بتقديم طلباتهم للعمل بالمنظمة حاليا أو مستقبلا.

من ثم يتم الاختيار ويسلك فيها أصحاب العمل طرق ووسائل مختلفة ومتعددة في البحث عن الموظفين المؤهلين لمنظماتهم.

من المتعارف عليه أنك إذا أردت أن تنفيذ عملا معينا تكلف به شخصا قادرا

عليه، وتحدد طبيعة العمل والبيئة ومواصفات الموظف القادر على القيام بالعمل. والأجور والحوافز والمزايا ثم يتم البحث عن الموظف الذي سوف يقوم بالعمل[1].

هناك وسائل متعددة قديما وحديثا يستخدمها أصحاب العمل في البحث عن الموظفين المؤهلين لمنظماتهم كاختيار شخص من عائلة يتصف أفرادها بحبهم وإخلاصهم للعمل أو لذكاء الشخص وسرعة بديهته حيث أن قياس ذكاء الشخص لا تعتمد على أسلوب علمي وإنما تتم بطريقة اجتهادية.

إضافة إلى ما سبق فإن بعض مديرو المنظمات يتخذون المصلحة طريقا لهم في اختيار الموظف كأن يكون ابنا لأحد كبار الشخصيات تستفيد منه المنظمة في تسهيل أعمالها، أما بالنسبة للمنظمات التي يقوم أصحابها بإدارتها فيتم اختيار الموظف من القرابة.

أيضا نلاحظ أن العواطف لها جزء من اختيار الموظف حيث الحالة المادية والاجتماعية تدعونا لذلك كأن يكون ذلك الموظف هو العائل الوحيد لأهله أو لأنه لم يحصل على وظيفة من تخرجه بسنوات طويلة دون المواءمة بين مواصفات الموظف ومتطلبات الوظيفة.

وهناك عوامل متعددة تؤثر على التعيين الأمثل للموظفين كالانطباع الشخصي والمظهر العام للمتقدم للوظيفة في هيئته ومقدرته على حسن التعبير إضافة إلى ميل صاحب القرار تجاه شخص أو فئة معينة تربطه به علاقة قربى أو غير ذلك والتسرع في اتخاذ قرار التوظيف، ورؤيتهم للسلبيات قبل الإيجابيات في المتقدم للوظيفة.

---

(1) مدني عبد القادر علاقي، إدارة الموارد البشرية المنهج الحديث في إدارة الأفراد، دار زهران، جدة، 1420هـ ـ ص 170.

الاختيار

هناك العديد من التعاريف التي شملت معنى الاختيار ومنها:

- "ينظر إلى الاختيار بأنه مفاضلة بين عدد من الأفراد تقدموا لشغل وظيفة معينة واختيار أفضلهم"[1].

- العملية التي يتم بمقتضاها فحص طلبات المتقدمين للتأكد ممن تنطبق عليهم مواصفات وشروط الوظيفة، ثم مقابلتهم، وتعيينهم في نهاية الأمر أو أنه "العملية التي يتم من خلالها التأكد من قدرات الأفراد واحتمال نجاحهم في الأعمال المطلوبة منهم"[2].

- عملية المزاوجة بين الأفراد والوظائف، سواء كان الأفراد من خارج المؤسسة (التوظيف واختيار المستخدمين الجدد) أو من داخل المؤسسة (التعيين والترقية)[3].

- تضح من التعاريف السابقة أن الاختيار يعني انتقاء أفضل العناصر البشرية التي تم استقطابها من مصادر متعددة بغية تعيينها داخل المنظمة[4].

خطوات عملية الاختيار تختلف المنظمات فيما بينها في خطوات الاختيار للموظفين وتشترك في الخطوات الرئيسية التالية:

- **المقابلة المبدئية:** الهدف منها استبعاد المتقدمين الذين لا تتوفر لديهم شروط شغل الوظيفة. بالتالي ستكون عملية الاختيار من بين أعداد قليلة.

---

(1)   نادر أبو شيخه، مرجع سابق ص 80.

(2)   مدني علاقي، مرجع سابق، ص 187.

(3)   دلايل م سبنسر الأصغر سيجان م سبنسر، الجدارة في العمل نماذج للأداء المتفوق (ترجمة أشرف فضيل عبد المجيد) مركز البحوث والدراسات الإدارية، معهد الإدارة العامة، الرياض، 1420 هـ: ص 345.

(4)   طلق السواط، وآخرون، الإدارة العامة، المفاهيم الوظائف الأنشطة، دار حافظ، جدة، الطبعة الثانية 1416هـ: 236- 237-

- **قبول الطلبات ومراجعتها:** يتم قبول الطلبات للتحقق من تطابق البيانات الواردة بالطلب من المواصفات المطلوبة ومعرفة مدى فاعلية المتقدم للوظيفة واستبعاد الذين لا تتوفر لديهم شروط الوظيفة المطلوبة.
- **الاختبارات:** من خلال هذه الخطوة و يتم الحكم على مدى قدرة المتقدم للقيام بمهام الوظيفة وتنقسم الاختبارات إلى قسمين:

أ- الاختيارات المكتوبة: تقيس جوانب معينة في المتقدم للوظيفة وتشمل اختبارات القدرات والذكاء والتي يجب أن تتصف بالصدق والثبات.

ب- الاختبارات الشفوية: مقابلة شخصية للمتقدم للوظيفة.

- المقابلة الشخصية للمتقدمين:حيث يتم من خلالها اكتشاف بعض جوانب شخصية الفرد والتي لا يمكن كشفها إلا عن طريق المقابلة الشخصية، إلا إنه يعاب على هذا أسلوب المقابلة الشخصية في بعض الأحيان عدم الموضوعية لذا تلجأ بعض المنظمات إلى إسناد المقابلة الشخصية لأكثر من شخص حتى تقلل من عدم موضوعيتها.

يلي المقابلة الشخصية الكشف الطبي للمتقدم لمعرفة صلاحيته للوظيفة عندها تكون انتهت عملية الاختيار المبدئية لأن التعيين النهائي لا يتم إلا بعد اختيار فعلي يعين بعده المتقدم كعضو جديد في المنظمة[1] .

---

(1) أحمد بن عبد اللـه الصباب، أصول الإدارة الحديثة، دار البلاد للطباعة والنشر، جدة 1423هـ: ص ص 297-298 .

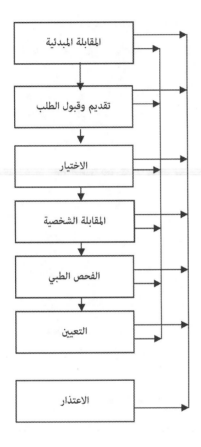

شكل رقم (4)

رسم توضيحي لخطوات عملية الاختيار

المعايير الأساسية للاختيار:

وترى منظمات القطاع الخاص أن هناك بعض المتطلبات الخاصة للعمل بها منها[1].

• الخبرة: وتعد شرط هام ومطلب رئيسي عند أغلب منظمات الأعمال وخاصة جانب

---

(1) محمد بن علي العبد الحافظ، إمكانية تطبيق التطبيق التعاوني في الكليات التقنية كوسيلة لتحقيق متطلبات العمل في القطاعي الصناعي الخاص بالمملكة العربية السعودية، رسالة ماجستير غير منشورة، جامعة الملك سعود، كلية العلوم الإدارية، قسم الإدارة العامة، 1418هـ ـ 1998م ص 17

الأعمال الفنية والتقنية لما ينعكس عليها من جودة الأداء ورفع معدل الإنتاج هذا ما أشارت إليه دراسة العبد الحافظ[(1)].

وشاركتها الرأي دراسة محبوب (1416هـ) التي أعدها عن الكليات التقنية وسوق العمل وخاصة في القطاع الصناعي الخاص بأنه لابد أن يتوفر في المتقدم للعمل خبرة عملية سابقة وإعداد مسبق على طبيعة الأعمال في المنشأة[(2)].

1- توافر مهارات معينة في القيام بأعمال منظمات القطاع الخاص:

يرى المسئولون أنه لابد أن يتمتع الخريج بمهارات فنية عالية تمكنه بالقيام بعمله على أتم وجه دون الحاجة إلى قيام برامج تدريبية وتأهيله للمتخرج، وحيث أن الكليات التقنية التابعة للمؤسسة العامة للتعليم الفني والتدريب المهني تحرص على تزويد الخريجين بمعارف ومهارات مرتبطة بالتخصص[(3)]، وقد كشفت دراسة الأنصاري[(4)] وكذلك دراسة محبوب أن المسئولين بالقطاع الصناعي الخاص يرون أن الخريجين بحاجة إلى تدريب إضافي قبل أن يلتحقوا بالعمل، إضافة إلى أن تأهيل خريجي الكليات التقنية غير كاف[(5)].

2- سلوك الخريجين عند التحاقهم بالعمل بمنظمات القطاع الخاص:

فقد كشفت كثير من الدراسات أهمية هذا الجانب حيث أشارت دراسة الغرفة التجارية الصناعية بالرياض أن رجال الأعمال يرون في العامل السعودي عدم التزام

---

(1) محمد بن على العبد الحافظ، المرجع السابق . ص 19.

(2) عبد الحفيظ محبوب مرجع سابق، ص 31.

(3) محمد بن علي العبد الحافظ، مرجع سابق، ص 17

(4) عيسى حسن الأنصاري، التعليم التعاوني في الكلية التقنية بالدمام، بين الواقع والاتجاهات الحديثة، الندوة السعودية الأولى عن التعليم التعاوني، جامعة الملك فهد للبترول والمعادن، الظهران، 1416هـ ص 12

(5) عبد الحفيظ محبوب مرجع سابق، ص 31.

واحترام لقوانين العمل وعدم الانضباط في الحضور والانصراف[1]، وتتفق هذه الدراسة مع دراسة الغيث والمعشوق[2]، ولأن هذه الجوانب السلوكية تؤثر على الإنتاج في منظمات القطاع الخاص والاستمرار في ظل المنافسة. مما يؤكد أهمية هذا الجانب المرتبط بسلوكيات العمالة الوطنية.

فوائد اختيار المتدربين:

ويترتب على عدم التعيين الأمثل للموظفين فشل المنظمة، والتسرب الوظيفي للكفاءات المدربة، إضافة إلى انشغال المديرين في تدريب وتقويم ومتابعة أعمال الموظفين، وتدني الإنتاجية العامة للمنظمة، وزيادة شكاوى العملاء بسبب تدني مستوى المنتج أو الخدمة، وضياع وقت المدير في النصح والإرشاد، وكثرة تغيير الموظفين في المنظمات غير الحكومية وفصلهم ثم إعادة توظيف آخرين وإهدار الأموال في عملية تدريب الموظفين[3].

(1)   الغرفة التجارية الصناعية بالرياض، مرجع سابق، ص ص 60 - 63 .

(2)   محمد عبد الله الغيث، و منصور عبد العزيز المعشوق، توظيف العمالة المواطنة في القطاع الخاص، المعوقات والمداخل والحلول، الإدارة العامة للبحوث، معهد الإدارة العامة، الرياض، 1417هـ ـ 1996م ص 90.

(3)   فوزي عبد الرحمن أصيل،، طرق اختيار وتقويم الموظفين، العبيكان، الرياض، 1420هـ 1999م، ص 17-21:.

أهم المصادر الخارجية للموارد البشرية:

مكاتب العمل الحكومية

- وتقوم بحصر طالبي الوظائف الذين يتقدمون إليها وتقوم بدور الوسيط بين طالبي العمل والمنشآت الباحثة عن طالبي العمل.

جدول رقم (2)

يوضح إيجابيات وسلبيات مكاتب العمل الحكومية كمصدر خارجي للموارد البشرية

الحالة	المحتويات
الإيجابيات	1- اختصارها لإجراءات الاستقطاب والانتقاء. 2- توفيرها للوقت والتكلفة لكل من طالب العمل والمنظمة. 3- توفيرها لأعداد كبيرة من الكفاءات على مختلف تخصصاتهم والمعلومات والبيانات عن مؤهلاتهم. 4- عدم تلقيها أي رسوم. 5- تقدم خدمات للمؤسسات والشركات بسبب عدم وجود مختصين لديها في شئون الأفراد.
السلبيات	1- قد تقدم عناصر غير مؤهله للشركات أو منظمات الأعمال من حيث الكفاءة والانضباط. 2- عدم دقة المقابلات التي تقوم بها

مكاتب التوظيف الخاصة:

ويعتمد عليها في الحصول على العمالة غير الماهرة ومعظم هذه المكاتب ترسل الأشخاص غير المناسبين دون تمييز بين الأشخاص الماهرين وذوي الكفاءة المخفضة.

جدول رقم (3)

يوضح إيجابيات وسلبيات مكاتب التوظيف الخاصة كمصدر خارجي للموارد البشرية

الحالة	المحتويات
الإيجابيات	1- توفر مجموعة من العاملين للشركات ومنظمات الأعمال ذات الحجم الصغير. 2- توفر على الشركات النفقات الخاصة بمكاتب توظيف لديها. 3- السرعة في شغل الوظيفة.
السلبيات	1- تتلقى رسوم من الباحث عن العمل ومن الشركات ومنظمات العمل طالبة الخدمة. 2- تقديمها لعناصر قد تكون غير مؤهلة.

الإعلان:

في الصحف والمجلات والتي زادت أهميته بعد انتشار وسائل الاتصال وارتفاع نسبة التعليم ويعد من أهم المصادر الخارجية للحصول على أفراد مؤهلين لشغل الوظائف الشاغرة.

جدول رقم (4)

يوضح إيجابيات وسلبيات الإعلان كمصدر خارجي للموارد البشرية

الحالة	المحتويات
الإيجابيات	1- كلفة الإعلان محدودة. 2- يثير الرغبة في الوظيفة. 3- يوفر وسيلة إخبار لأكبر عدد بسبب انتشاره. 4- يوفر وسيلة استقطاب لأفضل الكفاءات.
السلبيات	1- لا يستطيع صاحب العمل توضيح كافة الشروط لشغل الوظيفة بسبب تعارض ذلك للقانون 2- زيادة أعباء فرز الطلبات نتيجة لكثرة أعداد المتقدمين.

الجامعات والكليات والمدارس:

تستخدم في حالات نقص سوق العمل وندرة تخصصات معينه. حيث تقوم المنشأة بتدريب طلاب المدارس عن طريق الاتصال من قبل منظمات الأعمال الخاصة ببعض أعضاء الهيئة التعليمية والتدريبية ليتم من قبلهم ترشيح الطلاب المتميزين في تخصصاتهم المهنية لجذبهم للعمل لدى تلك المنظمات وكذلك من خلال يوم المهنة يتم جذب ومعاينة بعض طلاب الجامعات في السنوات النهائية لتدريبهم على العمل، ويعاب على هذه الطريقة أن طلاب الجامعات قد لا تتوافر لديهم الخبرة العملية الكافية.

جدول رقم (5)

يوضح إيجابيات وسلبيات الجامعات والكليات والمدارس كمصدر خارجي للموارد البشرية

الحالة	المحتويات
الإيجابيات	1- تزويد سوق العمل بالتخصصات اللازمة في حالة نقصها وندرتها
السلبيات	1- عدم توفر الخبرات العملية لدى طلاب الجامعات والكليات. 2- مكلف ويستهلك كثير من وقت الشركات ويحتاج إلى متخصصين في الاستقطاب.

ترشيحات المعلمين:

جدول رقم (6)

يوضح إيجابيات وسلبيات ترشيحات المعلمين كمصدر خارجي للموارد البشرية

الحالة	المحتويات
الإيجابيات	1- يوفر عملا لأفضل الطلاب علميا. 2- كلفته منعدمة. 3- يوفر كفاءات متخصصة.
السلبيات	1- محدود الانتشار. 2- الترشيحات قد تكون مبنية على المعيار الشخصي. 3- الخدمة المقدمة منه نوعية لأنه يهتم بالمتميزين.

الترشيحات من قبل موظفي المنشأة:

حيث يزكي بعض العاملين أصدقائهم لدى المنشأة وهذا الأسلوب منتشر في المنظمات الخاصة[1].

جدول رقم (7)

يوضح إيجابيات وسلبيات ترشيحات من قبل موظفي المنشأة خارجي للموارد البشرية

الحالة	المحتويات
الإيجابيات	1- يعتبر وسيلة قليلة التكاليف. 2- تضمن المنظمة إن الخبر وصل إلى ذوي المؤهلات المطلوبة. 3- تعمل المنظمة على إزكاء روح الانتماء والولاء للعمل في الاستفادة من الموظفين في ترشيح أصدقائهم المؤهلين.
السلبيات	1- وسيلة قليلة الانتشار ومحدودة في وصولها لكفاءات متعددة. 2- المعرفة الشخصية قد تلعب دورا في الترشيح على حساب المؤهلات والكفاءات.

(1) صلاح الدين محمد عبد الباقي، اتجاهات الحديثة في إدارة الموارد البشرية، الدار الجامعية القاهرة . 2002: 151- 157.

مكتب التوظيف بالمنظمة:

يختص هذا الأسلوب بالوظائف الإدارية الدنيا أو الكتابية أو المهنية ويجب أن يولى من قبل المسئولين اهتماما كبيرا. لما قد يحمله المتقدم للوظيفة من انطباع عن المنظمة بعد استقباله من مسئولي التوظيف[1] .

جدول رقم (8)

يوضح إيجابيات وسلبيات مكتب التوظيف بالمنظمة كمصدر خارجي للموارد البشرية

الحالة	المحتويات
الإيجابيات	1- يتميز بانخفاض التكلفة. 2- يوفر أعداد كبيرة من الباحث الجادين عن العمل.
السلبيات	1- لا يشكل المتقدمين أفضل الكفاءات لشغل الوظيفة الشاغرة. 2- عدم توفرهم في حالة الاتصال بهم إذا تقدموا بطلبات سابقة. 3- احتمال أن تكون المعلومات المقدمة من قبلهم غير دقيقة.

(1) مدني علاقي، مرجع سابق ص 185.

صندوق الموارد البشرية:

جدول رقم (9)

يوضح إيجابيات وسلبيات صندوق الموارد البشرية كمصدر خارجي للموارد البشرية

الحالة	المحتويات
الإيجابيات	1- يعالج مشاكل البطالة ومساعدة العاطلين عن العمل بإيجاد عمل لهم. 2- كلفته منخفضة للمنظمة. 3- يكافئ المتدرب والمشرف لضمان تنفيذ وجودة البرامج التدريبية. 4- يدعم توظيف الخرجين من برامج التدريب.
السلبيات	1- يوفر أعداد كبيرة قد تكون غير مؤهلة لان تدريبها قصير نسبيا. 2- تسرب عدد من المتدربين في مراحل مختلفة من تنفيذ البرنامج.

علاقة برنامج التدريب التعاوني برفع كفاءة العمل واختيار المتدربين:

وحيث أنه تقع على المنظمات مسؤولية قانونية فقد صدرت العديد من القرارات المتعلقة بتوظيف المواطنين في القطاع الخاص سواء من مجلس الوزراء أو مجلس القوى العاملة. ولعل أهم هذه القرارات في هذا الشأن قرار مجلس الوزراء ذو الرقم (50) والتاريخ 1415/4/21ه القاضي بإلزام كل منشأة لديها (20) عاملا أو أكثر بزيادة نسبة العاملين السعوديين فيها بما لا يقل عن (5%) من إجمالي العاملين لديها كل عام، مع

قصر شغل عدد من الوظائف والإحلال التدريجي للعمالة الوطنية[1] مفهوم قصر العمل على السعوديين: بدأ الاهتمام بفكرة قصر العمل على العمالة الوطنية في بعض المهن منذ مدة تقرب من العقدين حيث أن قصر العمل يعني السعودة الكاملة في مجال العمل ويختلف عن مبدأ التدرج في السعودة حيث في التدرج يتم الاستعانة بالعمالة الوافدة لوقت معين إما لطبيعة العمل أو حاجة العمل لأعداد كبيرة من العمالة[2].

مفهوم الإحلال التدريجي:

يقصد بهذا المفهوم استبدال العمالة الوافدة بعمالة وطنية تدريجيا مع مراعاة معدل استقدام العمالة الوافدة وسياسة التعليم والتدريب والأجور وحجم المنشأة الاقتصادية في القطاع الخاص[3].

فإذا ما نظرنا إلى المتدرب قبل التحاقه ببرنامج التدريب التعاوني نجده خلال فترة تدريبه بالكليات التقنية قد اكتسب مهارات في تخصصه تتناسب مع احتياجات سوق العمل من خلال البرامج والمناهج المطبقة داخل الكليات القائمة على أساس تطبيقها للمعايير المهنية الوطنية.

وإذا ما قورنت فترة التدريب التعاوني التي لا تقل عن شهرين وفترة الاختبار (التجربة) لأي موظف جديد عند التحاق بوظيفة في منظمات القطاع الخاص فنجد تلك الفترة لا تزيد عن ثلاثة أشهر كما جاء في المادة(71) من نظام العمل والعمال السعودي، من هذا نجد أن برنامج التدريب التعاوني تعادل تقريبا (66%) من فترة الاختبار للموظف الجديد.

---

(1) مجلس القوة العاملة مرجع سابق، ص 2.

(2) المرجع السابق .ص 4

(3) المرجع السابق، ص 5 .

وفترة الاختبار وضعها النظام من أجل أن تتاح لأطراف العمل وهما المنظمات والموظف الجديد فترة كافية للتعرف على مدى مناسبة كل طرف للطرف الأخر.

وخلال هذه الفترة فإن الفرد يتصرف نتيجة لعدة مؤثرات ويرتبط سلوكه بمؤثر الحالة أو المهمة وهي الظروف المحيطة به والتي تدفعه إلى ردة فعل تجاه موضوع محدد، أما المؤثر الثاني فهو الإجراء ويعني التصرف الذي قام به الشخص في ظل الظروف المختلفة كالبيئة، والسرعة المطلوبة لإنهاء المهمة بينما المؤثر الأخر هو النتيجة يقصد بها نتيجة التصرف الذي قام به الشخص متأثرا بالحالة المحيطة به[1]، المنظمات تستطيع أن تتعرف على كثير من سلوكيات المتدربين من خلال برنامج التدريب التعاوني.

إن المنظمات لابد أن تكون عالمة لما تسعى إليه. وتتعرف على الكنز عند عثورها عليه فعملية اختيار الأشخاص كالبحث عن كنز ضائع ومفقود[2]، وكم من رب عمل أعجب بمهارات المتدرب وعمل على توظيفه[3].

العلاقة بين مراحل برنامج التدريب التعاوني والاختيار ورفع كفاءة العمل:

أن برنامج التدريب التعاوني بكافة أنواعه ومستوياته يعمل على إمداد سوق العمل بموظفين أو عاملين يتمتعون بقدرات ومهارات في الجوانب العملية المختلفة التي يحتاجها سوق العمل ويحفظ البرنامج سوق العمل على جذب واختيار ما يلاءم حاجته الوظيفية من الموظفين وذلك من خلال إشراك الممارسين والمختصين في وضع منهج تدريبي يعمل على زيادة كافة المنظمات على مختلفة أعمالها بالكفاءات المطلوبة في مجمل التخصصات التي يحتاجها سوق العمل مما يهيئ المتدرب للعمل ويروج لقدراتهم ومؤهلاتهم.

---

(1) فوزي الأصيل، مرجع سابق، ص 51.

(2) كيت كينان، اختيار الموظف المناسب، (ترجمة ناجي حداد مركز التعريب والبرمجة) الدار العربية للعلوم، بيروت، الطبعة الأولى، 1418هـ: ص 15.

(3) عيسى الأنصاري، مرجع سابق ص . 20 .

أما البرنامج العام لاختيار الموظفين فنجد أن المنظمات تعمل فيها على تحديد احتياجاتها من الأفراد الذين يتمتعون بمؤهلات وتخصصات ومهارات محددة وفق متطلبات الوظيفة فيعمل البرنامج على استخدام الوسائل المختلفة في جذب أفضل الأفراد وهنا يتبادر إلى الذهن سؤال يجب الإجابة عليه هو: ما هي العلاقة بين مراحل برنامج التدريب التعاوني والاختيار؟ وللإجابة على هذا السؤال يمكن القول بأن المرحلتين متوازيتين فنجد في برنامج التدريب التعاوني تعمل المؤسسات التعليمية على البحث عن فرص تدريب لطلابها أو متدربيها حسب تخصص كل منهم ثم يجدون فرصة تدريبية في منظمة ماء ويبدأ التدريب بها وتقوم المنظمة على تقييم المتدرب ويوازي ذلك المنظمة التي تعمل على تحديد احتياجات من الموارد البشرية وفق المؤهلات والتخصصات والمهارات التي تحتاجها فتستخدم وسائل عدة للاختيار ما تريد إن كان ذلك بالإعلان أو الاستقدام ثم تقوم على اختبار المتقدمين لتلك الوظائف وتحدد لهم فترة لتجربة والاختبار العملي ومن بعد ذلك تعمل على تقييم الموظف الجديد.

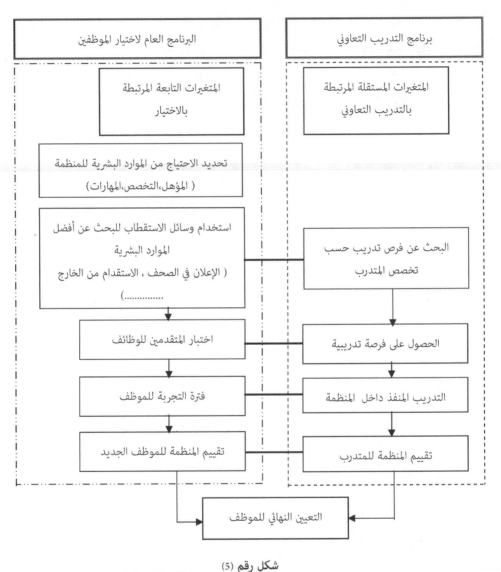

شكل رقم (5)

العلاقة بين برنامج التدريب التعاوني وبرنامج اختيار الموظفين بمنظمات القطاع الخاص

<- المرحلة التالية

توجد علاقة

74

من خلال الشكل السابق الذي تناول مراحل برنامج التدريب التعاوني وعلاقته بمراحل برنامج الاختيار نلاحظ بأن برنامج التدريب التعاوني يوازي في خطواته ومراحله التي تتكون من البحث عن فرص تدريب حسب تخصص المتدرب والحصول على فرصة تدريبية داخل المنظمة وتقييم المنظمة للمتدرب نجد في المقابل أن برنامج اختيار الموظفين يكون حسب الاحتياجات التي تخضع لتقييم من حيث المؤهل والتخصص والمهارات والقدرات فيتم الاختيار ثم التقديم للوظيفة التي يتم اختياره لها فيقيم الموظف الجديد في داخل المنظمة وينتهي به المطاف للتعين النهائي فنلاحظ من ذلك أن هناك توازي بين مراحل كل منهما.

75

الفصل الثالث

التدريب وعلاقته بالموارد البشرية

المفاهيم الحديثة في إدارة الموارد البشرية:

تركز النظرة الحديثة في إدارة الموارد البشرية على مجموعة المفاهيم التالية:

- أن العنصر البشري على كل المستويات هو مصدر الأفكار والأداة الرئيسية في تحويل التحديات إلى قدرات تنافسية.
- المشاركة الفعالة للعقل البشري وطاقته الذهنية هي مصدر المعرفة وأساس القدرة الابتكارية وتحويل الأفكار إلى منتجات وخدمات ترضي العملاء.
- تشترك كل عناصر ومصادر تكوين القدرة التنافسية في اعتمادها الرئيسي على البشر أفراد وجماعات، حيث تتوقف كفاءة استخدام المزايا بالنسبة الأخرى (مثل الموقع المتميز، تسهيلات ائتمانية، براءة اختراع) قيمة بتوفر العنصر البشري المتميز بالقدرة على الإبداع والابتكار.
- العنصر الحاسم في تحسين وتطوير الأداء هو استثمار وتنمية قدرات الأفراد وحفزهم للإجادة في الأداء حيث تبني القدرات الإنتاجية للأفراد وتنمو بالتخطيط والإعداد والعمل المستمر للتحسين والتطوير في كل مجالات الأداء، ويصبح التدريب وغيره من أدوات تنمية الموارد البشرية غير فعال دون رابطة واضحة مع خطط إدارة الأداء.

وفي ضوء هذه المفاهيم تكاملت رؤية موضوعية تعبر عن عملية تنمية الموارد البشرية في شكل منظومة متكاملة تستهدف تحقيق نتائج إستراتيجية تسهم في بناء قدرات وطاقات المنظمة وتمكينها من التفوق، والتميز في مجالات النشاط التي تباشرها.

وتبدأ منظومة تنمية الموارد البشرية من دراسة وتمثل أهداف المنظمة واستراتيجياتها وتحليل دور الموارد البشرية في تحقيق تلك الأهداف والانسجام مع الاستراتيجيات والسياسات.

كذلك تعتمد المنظومة المتكاملة لتنمية الموارد البشرية على فهم واضح وإدراك متجدد لتركيبة الموارد البشرية بالمنظمة وهيكل القدرات والمهارات ومستويات المعرفة المتاحة لها، وما تتمتع به من خصائص فكرية وتوجهات سلوكية تتماشى وتتناقض مع متطلبات الإنجاز وتفعيل الأنشطة وتحقيق الأهداف بالمنظمة [1].

ويمثل نموذج النظام المفتوح و الإطار الفكري لعمليات تنمية الموارد البشرية على النحو التالي:

---

(1)   إدارة الموارد البشرية الإستراتيجية، أ. د. علي السلمي ص230 .

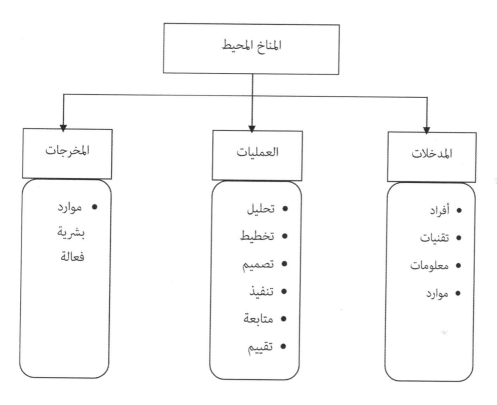

شكل (6)

نموذج المناخ المحيط

ويحقق النظر إلى عملية تنمية الموارد البشرية على أنها " نظام مفتوح" النتائج العملية التالية:

1- الترابط بين نظام تنمية الموارد البشرية وبين باقي عناصر ومكونات المنظمة من ناحية، وبين المناخ الخارجي المؤثر على المنظمة وفعالياتها جميعها من ناحية أخرى.

2- الترابط بين أجزاء نظام تنمية الموارد البشرية حيث يكون للمدخلات تأثيرها في كفاءة العمليات، وكذا، تؤثر فعالية وكفاءة العمليات في نوعية ومدى تميز المخرجات.

79

3- وإمكانية التأثير على كفاءة وفعالية نظام تنمية الموارد البشرية وتطويره باستخدام أي من المداخل التالية:

• تحسين مدخلات النظام (الأفراد، المدربون، المعلومات، التقنيات.

• تحسين عمليات النظام (حصر الاحتياجات التدريبية، تصميم البرامج التدريبية، تقييم آثار التدريب..)

• تحسين مستوى المخرجات المستهدفة وتأكيد معايير تقييمها.

• بيان أهمية التوازن الذاتي بين عناصر كل من المدخلات والعمليات والمخرجات.

وعلى سبيل المثال إن افتقاد التوازن بين أعداد ونوعيات ومستويات كفاءة وخبرة المدربين وخصائص المتدربين سوف يؤثر بالسالب على كفاءة المدخلات ويقلل من فعالياتها في عمليات التنمية المختلفة.

يتضح من هذه الملاحظات نتيجة أساسية أن فعالية التدريب وتأثيره في مستوى كفاءة وفعالية وأنماط سلوك العمل للمتدربين إنما تتوقف جميعا على مدى ترابط " التدريب " مع باقي عمليات تنمية الموارد البشرية، واتفاقه مع معطيات وتوجهات قطاعات وفعاليات المنظمة وظروف المناخ المحيط. وتتركز أهم عمليات تنمية الموارد البشرية فيما يلي:

• تحليل المناخ الخارجي والداخلي للمنظمة.

• تخطيط الاحتياجات من الموارد البشرية.

• الاستقطاب والاختيار للعناصر المناسبة.

• الإشراف والتوجيه والتدريب أثناء العمل.

• تقييم الأداء وقياس كفاءة الأداء.

• التعويض المادي والمعنوي والحفز.

- التطوير والتدريب على مدى دورة الخدمة.

- مكونات نظام تنمية الموارد البشرية.

مكونات نظام تنمية الموارد البشرية:

يشمل نظام تنمية الموارد البشرية كافة الأنشطة والعمليات الهادفة إلى تحقيق مستوى مستهدف من الكفاءة والفعالية، والقدرة في الموارد البشرية تتناسب مع متطلبات العمل المسند إليه ، وتوقعات الأعمال والمهام التي يمكن أن يعهد إليه بها في المستقبل سواء في نفس مجال التخصص أو في مجالات أخرى.

ولا تقتصر عملية تنمية الموارد البشرية – كما هو شائع في كثير من المنظمات على التعامل مع الفرد (المورد البشري موضوع التنمية)، بل تمتد بما يحدث له من تنمية، وهما " العمل" الذي يقوم به الفرد أو جماعة الأفراد، و" التنظيم " الذي يعمل الفرد أو جماعة الأفراد في نطاقه. لذا فإن الاقتصار على التعامل مع الفرد أو الأفراد كما هو الحال في معظم فعاليات التدريب يؤدي إلى عدم الواقعية والانعزال عما يجري في ساحة العمل الفعلية، ومن ثم انحصار نتائج التدريب في الإنسان نفسه وعدم إتاحة الفرص لنقلها إلى مجال العمل الفعلي، وهذا ما يطلق عليه " انحباس التدريب في الإنسان ".

ويمثل الشكل التالي المكونات المنظومة الشاملة لتنمية الموارد البشرية والتي تستوفي شروط وخصائص "النظام المفتوح":

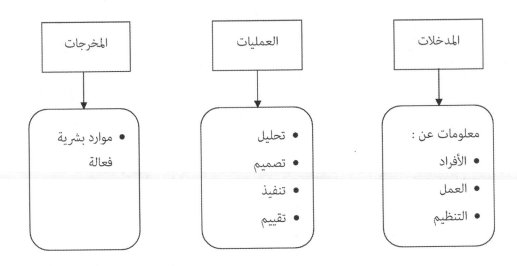

المخرجات	العمليات	المدخلات
• موارد بشرية فعالة	• تحليل • تصميم • تنفيذ • تقييم	معلومات عن : • الأفراد • العمل • التنظيم

مكونات التنمية المرتكزة على تحليل وتطوير المورد البشري:

• الاختيار	• الاستقطاب
• الإشراف والتوجيه	• الإعداد والتهيئة
• التقييم الأداء	• التعويض
• الترقية.	• المساءلة
• تخطيط الحركة الوظيفية	• تدوير العمل
• التفويض	• التدريب
	• التمكين

وغاية هذه المكونات تكوين إستراتيجية شاملة تتعامل مع كل أبعاد الأداء الإنساني وضمان الإجراءات المناسبة لتوفير المورد البشري المناسب لطبيعة ومتطلبات العمل، وتحقيق التوافق المستمر بين مواصفات الإنسان ومتطلبات العمل. وبذلك

تصبح تنمية الموارد البشرية بهذا المعنى عملية مستمرة لا تتوقف، وتغذي كل مرحلة منها باقي المراحل وتتأثر بها، وهذا يؤكد ما ذهبنا إليه في المقدمة من أن التدريب إنما هو حلقة في سلسلة متكاملة من العمليات لا يجوز التعامل معه منعزلا عنها[1].

تخطيط الموارد البشرية:

يمثل البشر أهم الموارد في العمليات التدريبية. ويتعاون أعداد من المتخصصين في مجالات التدريب المختلفة لإنجاز التخطيط والتصميم والتنفيذ للفعاليات التدريبية على أعلى مستويات الجودة والكفاءة. ومن أهم الموارد البشرية في العمليات التدريبية، مديري التدريب، مخططي التدريب، مصممي البرامج التدريبية، أخصائي وسائل وتقنيات التدريب، المشرفين الفنيين والإداريين، ومحللي النظام، ثم والمدربين.

تضم تلك القائمة بعض النوعيات من أفراد المنظومة التدريبية الذين يعملون في تناسق لكي يتمكن المدرب في اتصاله المباشر مع المتدرب (العميل) أن يحقق توصيل الرسالة التدريبية بالكفاءة المطلوبة.

من جانب آخر، تشمل عملية تخطيط الموارد التدريبية تحديد الاحتياجات من التجهيزات، الأماكن، وسائل الإيضاح، معينات التدريب وما يترتب على ذلك من مطالب تمويلية، والعمل على تدبيرها لإمكان تحقيق العمل التدريبي[2].

مكونات التنمية المرتكزة إلى العمل:

تضم تلك المكونات عمليات تحليل العمل، تصميم العمل، توصيف العمل، وتحسين العمل.

---

(1)   إدارة الموارد البشرية الإستراتيجية، أ. د. علي السلمي ص233 .

(2)   إدارة الموارد البشرية الإستراتيجية، أ. د. علي السلمي ص258 .

وغاية هذه المكونات تصميم العمل الذي سيقوم به الفرد أو الأفراد بتحديد المهام والواجبات التي تتضمنها العمل، وتحديد الإجراءات والأنشطة اللازمة لمباشرة تلك المهام، ثم توضيح النتائج التي ينتهي إليها العمل. ونتيجة كل ذلك أن يصبح في الإمكان تحديد مواصفات ومهارات وقدرات الفرد المناسب للقيام بالعمل لتكون أساسا في عمليات تنمية الموارد البشرية.

مكونات التنمية المرتكزة إلى التنظيم:

- تحليل الهيكل التنظيمي.

- إعادة الهيكلة.

- تحليل العمليات.

- إعادة الهندسة.

- تحليل سلسلة القيمة.

- تحليل التعلم التنظيمي "تحليل الجودة ".

- تحليل التدفق المعلوماتي.

وغاية هذه الأنشطة التوصل إلى أنسب صياغة للتنظيم الذي يمثل الوعاء الأكبر، وتتم فيه مختلف الأعمال التي يباشرها المورد البشري في المنظمة.

يتضح من رصد مكونات عملية تنمية الموارد البشرية حقيقة أساسية نكررها لأنها محور حديثنا كله، وهذه الحقيقة أن التدريب لا يمكن أن يتم بمعزل عن باقي مكونات تنمية الموارد البشرية، بل أنه يستمد مدخلاته وتتحقق فعاليته بالترابط الوثيق والتناسق التام مع مختلف المكونات المرتكزة إلى الفرد، والعمل، والتنظيم. ومن ثم فإن غاية التدريب في رأينا أن يسهم في تحقيق أعلى درجة من التوافق بين أطراف علاقة العمل الثلاثة.

المنهج الاستراتيجي في تنمية الموارد البشرية:

يقوم المنهج الإستراتيجي في الإدارة على الأسس التالية:

- الإدارة عملية متكاملة تضم مجموعة من الأنشط والفعاليات تهدف إلى تحقيق نتائج وإنجازات مستهدفة توفر عوائد ومنافع لأصحاب المصلحة.
- تترابط المنظمات مع المناخ المحيط بها ترابطا وثيقا، ومن ثم تستثمر الإدارة الإستراتيجية تلك العلاقة الوثيقة لتثمير الفرص المتاحة في المناخ وتجنب المهددات الناشئة عن عناصر المناخ غير المواتية.
- الإدارة عملية حركية (ديناميكية) تتعامل بإيجابية مع المتغيرات، وتوظيف تلك المتغيرات لتعظيم فرص المنظمة في تحقيق إنجازات أعلى وتميز وتفوق على المنافسين.
- تنطلق الإدارة الإستراتيجية من بناء إستراتيجي متكامل يواجه فعالياتها، ويوفر أسس ومعايير المفاضلة واتخاذ القرارات في مواقف الاختيار. ويضم ذلك البناء الإستراتيجي:

1- الرؤية والتي تعبر عن إدراك الإدارة للمناخ المحيط بها وتوجهاته المستقبلية.
2- الرسالة والتي تصف المهمة الرئيسية للمنظمة وغاية وجودها المستقبلية.
3- الأهداف الإستراتيجية وهي النتائج الأساسية التي تسعى المنظمة لتحقيقها لأصحاب المصالح فيها يضم تعبير أصحاب المصالح كل المنتمين والعاملين والمتعاملين مع المنظمة.
4- الإستراتيجية وهي مزيج الآليات والأساليب المختارة لتعظيم استخدام الموارد في الفرص المتاحة والمتوقعة ومواجهة التهديدات والمعوقات القائمة والمحتملة.

- يمثل الهيكل التنظيمي في منهج الإدارة الإستراتيجية إطار مرن لتنسيق علاقات

الأطراف الفعالة في المنظمة والذين يتمتع كل منهم بحرية واستقلالية نسبية مسترشدين بعناصر البناء الاستراتيجي، والمترابطين والمتفاعلين بحسب ما تتطلبه ظروف الأداء وما يطرأ في المناخ من متغيرات.

- الغاية الأساسية من أي نشاط تماره الإدارة (المنظمة) هي إنتاج القيمة، فالنشاط ليس غاية في حد ذاته، ولكن ما ينتج عنه من قيم ومنافع هو سبب القيام به ومن ثم يكون تحليل القيمة أحد أهم معايير وأدوات الإستراتيجية في المفاضلة بين البدائل.

- تعتبر المنافسة بمعناها الشامل أي القدرة على التفرد والتميز وتكوين قدرات خاصة تسمح بالتفوق على الآخرين، عنصرا جوهريا في إطار الفكر الاستراتيجي. فالإدارة الإستراتيجية تتعامل دائما من منطلق المقارنة مع الآخر ورصد مصادر قوته ونقاط ضعفه، ثم بناء الإستراتيجية التي تمكن المنظمة من استغلال نقاط الضعف، ثم بناء وتحييد أو إضعاف مصادر قوتهم بالاستثمار الأمثل لما لدى المنظمة من موارد والتخلص مما يعيقها من موانع وقيود أو تقليل آثارها السالبة إلى الحد الأدنى[1].

إستراتيجيات تنمية الموارد البشرية:

يؤدي تطبيق منهج الإدارة الإستراتيجية في تنمية الموارد البشرية إلى ضرورة عناية الإدارة باستيفاء المقومات الرئيسية المكونة للبناء الإستراتيجي للموارد البشرية في المنظمة. وتمر عملية بناء إستراتيجية تنمية الموارد البشرية بالمراحل المهمة التالية:

- دراسة وتحليل المناخ المحيط بالمنظمة وطبيعة المتغيرات الفاعلة فيه وما تتيحه للمنظمة من فرص وما تهدده بها من معوقات وأخطار.

- تحليل المناخ الداخلي للمنظمة والتغير على مواطن القوة بها (الموارد والطاقات)،

---

(1) إدارة الموارد البشرية الإستراتيجية، أ. د. علي السلمي ص235 .

وتحديد مصادر الضعف التي تعاني منها (المشكلات والقيود وما تفتقده المنظمة من ضرورات المنافسة والتميز).

- دراسة وتحليل الإستراتيجية العاملة للمنظمة والإستراتيجيات الوظيفية في مختلف مجالات النشاط (إنتاج، تسويق، تمويل، واستثمار..) ومتطلبات تنفيذها.

- تحديد هيكل الموارد البشرية (أعداد وأنواع) المناسب لمتطلبات تنفيذ وتحقيق إستراتيجيات المنظمة وإنتاج القيم المستهدفة.

- مراجعة هيكل الموارد البشرية المتاح (إعداد وأنواع) المناسب لمتطلبات تنفيذ وتقييد إستراتيجيات المنظمة وإنتاج القيم المستهدفة.

- مراجعة هيكل الموارد البشرية المتاح (أعداد وأنواع) وتحديد الفجوات التي يعاني منها (بالزيادة أو النقص).

- رسم الإستراتيجيات وتصميم البرامج الهادفة إلى سد الفجوات (التخلص من الزيادات أو استكمال النقص وتعديل هيكل المهارات والخبرات والمستويات المعرفية لتتناسب مع الهيكل المنشود.

- بناء نظم وإستراتيجيات التدريب وتصميم فعالياته بما يتناسب مع متطلبات إستراتيجية لتنمية الموارد البشرية [1].

بعض الأسئلة الإستراتيجية حول التدريب:

نعرض فيما يلي مجموعة من التساؤلات الإستراتيجية التي تساعد في بناء العلاقة العضوية بين التدريب وبين منظومة تنمية الموارد البشرية:

- من هم الأفراد المطلوب تدريبهم ؟

---

(1) إدارة الموارد البشرية الإستراتيجية، أ. د. علي السلمي ص236.

- لماذا يدرب هؤلاء الأفراد ؟

- ما هي موضوعات التدريب المطلوبة ؟

- من يشارك في تخطيط التدريب ؟

- هل تمت مراجعة الواقع التنظيمي للمنظمة ؟

- هل تم مراجعة عمليات الاختيار وتبين كفاءتها ؟

- هل يشارك الرؤساء المباشرون في تخطيط التدريب ؟

- هل تؤخذ نتائج تقييم الأداء في الاعتبار ؟

- هل هناك معايير محددة في اختيار جهات وموارد التدريب ؟

- هل يشارك مسئولو التدريب في التطوير التنظيمي ؟

- هل يتكافأ التدريب مع الواقع التقني للمنظمة ؟

- هل تمت مراجعة نظم الحوافز وتعويض الأفراد ؟

- هل تتم متابعة آثار التدريب على الأداء بواسطة الرؤساء المباشرين ؟

- هل تتوفر للمتدربين أنفسهم فرص المشاركة في تخطيط وتقييم التدريب ؟

تثير مجموعة الأسئلة السابقة القضايا الأساسية التالية في علاقة التدريب بمنظومة تنمية الموارد البشرية:

- كيف يتم بناء إستراتيجية متكاملة لتنمية الموارد البشرية تترابط وتتكامل مع الإستراتيجية العامة للمنظمة ؟

- كيف يمكن تنمية إستراتيجية متكاملة للتدريب تحقق التوازن في المدخلات والعمليات التدريبية وصولا إلى المخرجات المستهدفة ؟

- كيف يمكن إدماج التدريب كعنصر عضوي في عملية تنمية الموارد البشرية؟

- كيف يمكن تنسيق التدريب كجزء رئيسي في المنظومة الإدارية المتكاملة ؟

- كيف يمكن إشراك القيادة والمشرفين والرؤساء في صياغة وتخطيط وتفعيل التدريب لمرؤوسيهم ؟

- كيف يمكن تنمية أساليب ووسائل تدريبية تتماشى مع ظروف المنظمة وتتفاعل مع خصائصها المميزة ؟

- كيف يمكن إدماج التقنيات الحديقة والسائدة في مجالات عمل المنظمة المختلفة بنفس الدرجة في أنشطة التدريب ؟

إن الأفكار المحورية في تلك القضايا هي ما يلي:

1- إن التدريب نشاط هادف ينبغي أن يتم التعامل بشأنه بالجدية المتناسبة مع أهميته في بناء وتعظيم كفاءة الموارد البشرية.

2- إن التدريب هو بالأساس استثمار مستقبلي يجب أن يحاط بكل الضمانات وأن توفر له كل المقومات الصحيحة لتحقيق العائد منه.

3- إن التدريب نشاط علمي يستند إلى أسس ومناهج مقننة ويستخدم تقنيات متطورة.

4- إن التدريب مهمة إدارية إستراتيجية تنطلق في تكامل مع استراتيجيات المنظمة.

وفي ضوء التطورات المعاصرة في أفكار إدارة الموارد البشرية الإستراتيجية، تتضح الاتجاهات الرئيسية في شأن التدريب:

1- تحتل عمليات التدريب والتطوير أهمية متزايدة في استراتيجيات تنمية الموارد البشرية المعاصرة.

2- تحول اهتمام الإدارة لتقييم آثار الاستثمار في التدريب والتطوير على مجمل الكفاءة التنظيمية.

3- تصبح مساهمات تنمية الموارد البشرية محل تقييم ضمن محاور آليات التقييم المتكاملة الحديثة "قائمة النتائج المتوازنة"[1].

لا يوجد مجال لإظهار الاتساق بين أنشطة الموارد البشرية والخطط الإستراتيجية على مستوى المنظمة أفضل من مجال أنشطة التدريب. فكلما كان النشاط التدريبي بإستراتيجية العمل على مستوى المنظمة كلما ساهم في تحقيق الفعالية الإستراتيجية. ويعني هذا ضرورة انبثاق وتصميم البرامج التدريبية من الحاجة الفعلية للأفراد للحصول على التدريب، مع ضرورة إدراك ومراعاة الاختلافات الفردية. فوفقا لمحفظة الموارد البشرية هناك أربعة تصنيفات تعكس مستويات مختلفة لأداء الأفراد الفعلي والمحتمل والتي يصعب معها إخضاع كل الأفراد ذو الأداء العالي والأداء المحتمل المنخفض Workhorse، فإنه يهدف إلى زيادة وتنمية الأداء المحتمل من خلال زيادة احتمالات العمل في مركز أعلى يقدم قدر أكبر من المسئولية في المستقبل في حالة الأفراد ذوي الأداء الفعلي والمحتمل العالي Star. أما في حالة الأفراد ذوي الأداء الفعلي المنخفض والذين يتوقع تحقيقهم لمستوى عال من الأداء المحتمل في المستقبل Problem employee، فإن أفضل نوع من التدريب بالنسبة لهم هو التدريب العلاجي من حيث المجال والهدف. ويرجع هذا إلى أن أسباب انخفاض أدائهم الحالي عادة ما تعود إلى ظروف شخصية أو موقفية يمكن معالجتها وإصلاحها. أما الأفراد ذوو الأداء الفعلي والمحتمل المنخفض Dead Wood فإن الوقت والجهد والتكاليف المستهلكة والمنفقة على تدريبهم غير مثمرة، بل يمكن أن تؤدي إلى نتائج سيئة وعكسية. فالتدريب عندما لا يتفق مع الحاجة الفعلية للأفراد قد يحقق نتائج عكسية على التدريب لأنه لا يدرك وجود فرص للترقي من خلال المنظمة الحالية، أو لأنه يشعر بنقص في المهارات التعليمية والمؤهلات التي تحقق له النجاح في المستقبل[2].

---

(1) إدارة الموارد البشرية الإستراتيجية، أ. د. علي السلمي ص239.

(2) مدخل إستراتيجي لتخطيط وتنمية الموارد البشرية، د. راوية حسن، القاهرة، دار الجامعية، 2005م، ص105.

ويمكن للمنظمة أن تستخدم التدريب كإستراتيجية للحفاظ على بقاء مثل هؤلاء الأفراد يتميزون بأدائهم العالي، وكفاءتهم العالية بينما ليس لديهم فرص للترقي والنمو في المنظمة، حيث يمكنها تطبيق أحد بديلين تدريب هؤلاء الأفراد لتحسين أدائهم في العمل الحالي مما يساعد على شعورهم بالتغيير فينخفض إحساسهم بالملل وينخفض معدل دوران العمل، وتتحسن اتجاهاتهم ناحية العمل، أو تدريبهم لإثراء وتوسيع مجال ومسئوليات عملهم مما يؤدي إلى إلغاء أثر إدراك الفرد لعمله على أنه طريق مسدود أمام طموحاته المستقبلية في النمو.

وهناك بعض الاستنتاجات التي يمكن استخلاصها واستخدامها للأغراض البحثية من خلال تصنيف مصفوفة الموارد البشرية:

1- تتفاوت قيمة الأفراد الاقتصادية بالنسبة للمنظمة، فقيمة الفرد للمنظمة تختلف باختلاف مستويات أدائه الفعلية والمحتملة. كذلك تتفاوت درجة الخطر والخسارة المحتملة والناجمة عن ترك العمل بتفاوت قيمة الفرد للمنظمة، وبمدار ما تستثمره المنظمة من أموال لتدريب الفرد وإكسابه للخبرات اللازمة للعمل.

2- تؤثر بعض العوامل على مستوى أداء الفرد، ومن ثم في قيمته الاقتصادية بالنسبة للمنظمة، وعلى العناصر المختلفة في محفظة الموارد البشرية. وتتمثل هذه العوامل في:

أ- التغيرات التكنولوجية مثل: الاختراعات الجديدة، أو الأساليب الجديدة في العمل، أو إدخال المكينة أو نظام الحاسب الآلي، ومثل هذه التغييرات تظهر الحاجة إلى التدريب، لتنمية المهارات أو إعادة التدريب نتيجة تقادم المهارات.

ب- توجد بعض التغيرات الثقافية والاجتماعية: مثل سن قوانين جديدة للعمل، أو تغيير هيكل القوى العاملة أو تغيير حجم أو ملكية المنظمة. وفي هذه الحالة يحتاج الفرد إلى التدريب لتغيير اتجاهاته، ولتعليم قواعد وإجراءات جديدة مع التغيير.

ج- تغييرات شخصية: مثل تغير ظروف العمل، أو نقص في دافعية الفرد، أو مشاكل

شخصية. ويحتاج الفرد في هذه الحالة إلى تدريب لإكسابه مهارات فنية وإنسانية واجتماعية جديدة، وإكسابه مهارات العلاقات الإنسانية المتداخلة.

د- تمسك الفرد بطريقة أدائه القديمة بالرغم من تغير الظروف، فأحيانا يتمسك الفرد بطريقة أدائه التي حققت له نجاح في الماضي بالرغم من عدم فعاليتها بعد حدوث التغير. ويؤثر هذا على مستوى أدائه بالانخفاض نتيجة تقادم مهاراته مقارنة بأهداف العمل الجديد وفي هذه الحالة يحتاج الفرد إلى إعادة التدريب لاكتساب المهارات الجديدة.

3- يفيد تقسيم الأفراد وفقا لخصائص سلوكهم في تحديد الاستراتيجيات والسياسات المتناسبة مع كل مجموعة من هذه المجموعات، فيعترف ذلك التصنيف بوجود مجموعة من الفروق تتطلب معاملات ممتازة من قبل الإدارة، ويساهم تحدد الاختلافات بين الأفراد، وتصنيفهم في تحديد الاحتياجات التدريبية لكل فرد، بحيث يتناسب محتوى التدريب مع احتياجات ومتطلبات طبيعة عمل الفرد وتخصصه. فوضع كل الأفراد في برنامج تدريبي واحد دون أي اعتبار للاختلافات فيما بينهم أو لنقاط الضعف في سلوكهم، أو للسلوك المطلوب إكسابه لهم قد يقلل من فعالية التدريب وقيمته.

4- يترتب على تقديم التدريب وإكساب الفرد للمهارات والخبرات اللازمة للعمل نوعان من النتائج:

أ- نتائج داخلية متعلقة بالعمل ذاته: وتتمثل في وضع الفرص في العمل المناسب والمتسق مع ما اكتسبه من مهارات وخبرات خلال التدريب.

ب- نتائج خارجية متعلقة بنواتج العمل: وتتمثل فيما قد يحصل عليه الفرد من زيادة في العوائد الخارجية مثل: العلاوات والمكافآت، والترقية الممكنة أن يحصل عليها الفرد نتيجة لاكتسابه مهارات جديدة، ويترتب على مدى تحقيق الفرد

لهذه النتائج شعوره بالرضا أو عدم الرضا وشعوره بالولاء أو عدم الولاء للمنظمة.

5- ينطوي الاهتمام بالموارد البشرية، وبتنمية مهاراتها، لمقابلة المتطلبات التكنولوجية على مضامين إستراتيجية متعلقة بالعمل ومنها: زيادة الاهتمام والتركيز على الموارد البشرية، وما يتطلبه هذا من الاهتمام بكيفية وطرق الحصول عليها، وتدريبها، وتحفيظها وزيادة مقدار الاستثمار لإدخال التكنولوجية المتطورة مثل الحاسب الآلي لتحسين وزيادة إنتاجية الأفراد، والتركيز على التدريب الداخلي وبرامج التطوير الوظيفي الاعتماد على الخريجين الجدد بدرجة أكبر من الاعتماد على الأفراد ذوي الخبرة الطويلة في العمل في تحقيق التطوير الداخلي المطلوب، والاعتماد على أنظمة وأساليب متمايزة لإدارة الموارد البشرية تعكس الاختلافات الفردي.

محددات التدريب:

يعتبر الاستثمار في رأس المال البشري. خاصة في مجال تدريب الأفراد من الأمور الهامة لنجاح كل من المنظمة، والمنظمات الأخرى وأيضا لتحقيق التنمية الاقتصادية. فقد زاد انتباه المنظمات إلى ضرورة التفرقة بين الاستثمار في تنمية مهارات أفرادها داخليا (صنع المهارات) أو الحصول على هذه المهارات من السوق الخارجي للعمل (شراء المهارات). لذلك لابد من تحديد بعض العوامل أو القوى السببية التي تحددها مقدار التدريب، ومقدار الاستثمار في أنشطة التدريب بالمنظمة. وهذا هو ما يهدف هذا الفصل لتقديمه، أيضا يوضح الفصل الحالي، ماهية العوامل المحددة لاختيار الفرد للحلول والبدائل التنظيمية، التدريب داخليا أو الحلول التي تعتمد على السوق (شراء المهارات من سوق العمل)[1].

---

(1)   مدخل إستراتيجي لتخطيط وتنمية الموارد البشرية، د. راوية حسن، ص273 .

وبالرغم من أن هناك العديد من الدراسات التي قامت لدراسة التعليم والتدريب كمحددات للنواتج، مثل الدخل، والإنتاجية والمركز الاجتماعي، على المستوى الفردي والقومي، إلا أنه لا توجد إلا قليل من الدراسات التي حاولت التركيز على محددات التدريب ذاته، فقليل من الانتباه وجه إلى دراسة التدريب، وبرامج التدريب كمتغيرات معطاة لتأثير الاستثمار في تنمية رأس المال البشري على نجاح المنظمة، فهناك حاجة ملحة لتحليل العوامل المؤثرة على كل من، مدى، أو مقدار، أو أنواع التدريب في مجال العمل.

سيتم في هذا المجال تناول المحددات المحتملة لحجم تدريب الأفراد الذي تموله المنظمة وأيضا التفرقة بين المحددات التنظيمية والبيئية.

أولا: المحددات البيئية:

يمثل التنوع وعدم التجانس، والاستقرار، بعدين تقليديين من أبعاد البيئة الخارجية للمنظمة، لذلك فإنه من المنطقي افتراض أن لهذين البعدين تأثيرا على الحاجات التنظيمية لتدريب الأفراد، ومع افتراض أن المنظمة تحاول أن تغطي احتياجاتها الموضوعية من التدريب، فإن هذين البعدين أيضا سيؤثران على حجم التجانس فإن الأفراد، وخاصة هؤلاء الأفراد الذين يتعاملون مع أطراف خارج المنظمة، سوف يحتاجون لتنمية قواعد وأسس أكبر للمعرفة، لكي يتكيفون مع التنوع الخارجي الذي يواجه المنظمة.

ومن ثم، فإن التنوع وعدم التجانس، يساهم في زيادة مقدار التدريب المطلوب. ويمكن أن يتوفر التعلم المطلوب، لإحداث هذا التكيف من خلال التدريب، أو التعلم من خلال الممارسة الفعلية، أي بطريقة غير رسمية، ولكن هذه الظروف البيئية المتنوعة وغير المتجانسة، قد تحتاج لبعض البرامج الرسمية للتدريب، سواء للعاملين الجدد أو القدامى. ومثل هذه البرامج الرسمية قد تكون وسيلة، لنقل المعرفة بالعوالم السياسية

والمؤسسية المرتبطة بالعناصر المختلفة للبيئة الخارجية، والتي يساعد معرفة الأفراد لها، تنمية نماذج سلوكية تمكنهم من التفاعل والتعامل مع هذه العناصر.

واستقرار البيئة أيضا مهم في هذا السياق، لأن مقدار المعرفة المطلوبة في خلال وقت محدد، يمكن النظر إليها على أنها دالة في معدل التغير البيئي، وهذا بدوره قد يؤثر على حجم ومقدار التدريب في المنظمة، ومن ثم يمكن افتراض أنه:

1- كلما زاد تعقد البيئة التي تعمل بها المنظمة كلما زادت الأنشطة التدريبية.

2- كلما زاد عدم الاستقرار البيئي للمنظمة، كلما زادة الأنشطة التدريبية.

وطالما أن المنافسة تزيد من متطلبات جودة المنتج، فإن هذا يلقى مزيدا من الأهمية، لاكتساب الأفراد للمعرفة وللمهارات المطلوبة. مما يلقى مزيدا من العبء على المنظمة من خلال زيادة استثماراتها في التدريب. وبنفس المنطق فإن المنافسة تتميز من خلال زيادة استثماراتها في التدريب. وبنفس المنطق، فإن المنافسة تتميز بالضغوط لتحقيق مزيد من الابتكارات من خلال التطوير المستمر للمنتجات ولمهارات الأفراد حتى تواكب التغيرات البيئية. علاوة على ذلك فإن إذا كان هناك بعض الخدمات الشخصية المرتبطة بتسويق المنتجات، فإنه على المنظمة تدريب رجال البيع والتسويق على كيفية التعامل مع العملاء وحاجاتهم المختلفة والمتنوعة. ومن أهم المهارات التي تقوم المنظمة بتنميتها في المجال، هو تنمية المعرفة بالمنتج، ومهارات العلاقات الشخصية المتداخلة، ومهارات التفاعل مع الآخرين، لذلك فإن وجود عنصر الخدمة يساهم بدرجة أكبر في زيادة أنشطة التدريب.

أما فيما يتعلق بسوق العمل فإنه يبدو أن هناك اتجاه للمنافسة للطلب على الأفراد ذوي المؤهلات العالية في كثير من مجالات الأعمال وكنتيجة لذلك، فإن المنظمات تنظر إلى جهودها في تنمية مهارات مواردها البشرية على أنها وسيلة لزيادة جاذبيتها للمؤهلين المحتملين من السوق الخارجي للعمل، فقد أوضحت نتائج العديد من

الدراسات أن الأفراد ذوي المؤهلات العالية يركزون، عند اختيارهم للمنظمة التي يعملون بها، على مدى الفرص التي تتيحها المنظمة للتنمية الشخصية والوظيفية. ومن المؤكد أن هذه النظرة لن تتغير في المستقبل القريب، ومن ثم يمكن افتراض أنه:

1- كلما زادت المنافسة وزاد اعتمادها على أساس جودة المنتج كلما زادت الأنشطة التدريبية.

2- كلما زادت المنافسة، وزاد اعتمادها على الابتكار في المنتجات، كلما زادت الأنشطة التدريبية.

3- كلما كان سوق العمل المنتج الذي تعمل فيه المنظمة متميز بالمنافسة الشديدة، وكلما كانت هذه المنافسة تعتمد على عنصر الخدمة، كلما زاد النشاط التدريبي.

4- كلما زادت حدة المنافسة في جانب طلب سوق العمل الذي تستقطب منه المنظمة أفرادها، كلما زادت المنظمة من أنشطتها التدريبية.

وبغض النظر عن طبيعة المنافسة في أسواق المنتج، فإن السرعة الهائلة في التقدم التكنولوجي في مجال الصناعة، تدفع المنظمات إلى تقديم مزيدا من التدريب لمواردها البشرية. فتماما كما يزيد عدم الاستقرار البيئي من مقدار التدريب، فإن التغيرات التكنولوجية تحتم على المنظمة تجديد وتحديث المهارات والمعرفة الحالية، واستحداث مهارات جديدة للتعامل مع التكنولوجي الجديد لذلك يمكن افتراض أنه:

كلما زادت سرعة التغيرات التكنولوجية في مجال الصناعة التي تعمل بها المنظمة، كلما زادت الأنشطة التدريبية[1].

---

(1) مدخل إستراتيجي لتخطيط وتنمية الموارد البشرية، د. راوية حسن، ص105 .

ثانيا: المحددات التنظيمية:

يؤثر المركز المالي والاقتصادي للمنظمة على المبالغ التي تنفقها المنظمة على الاستثمار في تنمية مواردها البشرية بصفة عامة، وعلى مجال الأنشطة التدريبية، بصفة خاصة. وقد يرجع السبب في هذا إلى أن الإنفاق على التدريب لم يلق نفس الاهتمام الذي يلقاه الاستثمار في الموارد المادية الأخرى، وأيضا، أن الإنفاق على التدريب لا يعتمد على المنافذ والمصادر المالية المستقرة، ولكن الإنفاق على التدريب يزداد أو ينخفض، وفقا لمدى قوة المركز المالي للمنظمة والسيولة والتدفق المالي في الفترات المختلفة. وعلى هذا يمكن افتراض:

1- كلما زادت ربحية المنظمة، كلما زادة أنشطتها التدريبية.

2- كلما زادة الاحتياطات المالية للمنظمة، كلما زادت الأنشطة التدريبية.

ويمكن وصف العلاقة بين التصميم أو الهيكل التنظيمي، والحاجة إلى التدريب ومقدار التدريب بأنها علاقة معقدة. ولكن يمكن تناول هذه العلاقة في زاوية أخرى، وهي درجة المركزية واللامركزية التي تتبعها المنظمة عند اتخاذ قراراتها. فإذا كانت المنظمة تطبق الأسلوب المركزي في اتخاذ القرارات، فإن المهارات المطلوبة لاتخاذ القرار تكون منحصرة في عدد محدد من الأفراد أما إذا كانت المنظمة تتبع اللامركزية في اتخاذ القرارات فإن عدد متخذي القرار سيزداد، ومن ثم متطلبات المهارات والمعرفة ستزداد. وبناء على ذلك، ستزداد الحاجة إلى تنمية مهارات الأفراد متخذي القرارات، أي المديرين من خلال زيادة الأنشطة التدريبية. لذلك فإن توزيع مسئوليات اتخاذ القرارات على عدد أكبر يتطلب مزيدا من: المعرفة وانتشار المعرفة عنه في حالة مركزية اتخاذ القرار، وعلى ذلك يمكن افتراض أنه:

كلما زادت درجة اللامركزية في عملية اتخاذ القرارات كلما زادت الأنشطة التدريبية.

وهناك بعض العوامل التي قد تؤثر في الحاجة إلى التدريب، وهذا بالرغم من أن هذه العوامل قد لا يكون لها خاصية خلق حاجة تنظيمية لتنمية الموارد البشرية. ويمكن في هذا المجال التفرقة بين الحاجات الفردية والحاجات الجماعية والتي قد يعتمد تحديدها على:

1- واجبات الدور الذي يقوم به الفرد.

2- اتباع الرغبة والاهتمام الشخصي للفرد في تنمية مهاراته.

وفي كلا الحالتين فإن السلوك المتعلق بالتدريب، أو بتنمية الموارد البشرية تنبثق من الاهتمام الذاتي.

أما في الحالة الأولى، وهي الحاجة التدريبية، كمتطلب لواجبات الدور، فهي تنبع من الاهتمام الذاتي بتخطيط مسار وظيفي أفضل، من خلال الأداء الجيد للعمل، أو من الموقع المؤسسي داخل المنظمة، أما في الحالة الثانية، وهي الحاجة التدريبية كرغبة شخصية، فهي تتبع من الرغبة في الاستثمار في تخطيط المسار الوظيفي للفرد، دون الارتباط بمنظمة معينة بعينها. وعلى ذلك يمكن افتراض أن:

المنظمات التي يكون لديها إدارة لتنمية الموارد البشرية، تكون أنشطة التدريب فيها أكبر من أنشطة التدريب الموجودة بالمنظمات التي ليس لها مثل هذه الإدارة.

وقد تلعب الخصائص الديموغرافية للأفراد العاملين بالمنظمة دورا في التأثير على مقدار وحجم التدريب الذي تقدمه المنظمة. ومن الخصائص الديموغرافية المؤثرة، مزيج القوى العاملة فيما يتعلق: بالأعمار، والمستويات التعليمية، ونسبة الموظفين إلى الإداريين في المنظمة، وهناك مجموعة من التوقعات بهذا الشأن.

1- يتوقع انخفاض حجم النشاط التدريبي، كلما زادت نسبة الأفراد كبار السن بالمنظمة، حيث أشارت الدراسات إلى أن مشاركة الأفراد فوق سن الخمسين في برامج تعليم الكبار أو برامج التدريب تكون منخفضة.

2- يتوقع أن تزداد المشاركة في التدريب بازدياد مستوى التعليم الرسمي بالمنظمة.

3- يتوقع أن يزداد الطلب على التدريب بدرجة أكبر من قبل الأفراد الموظفين أو المخصصين، والمدربين، عنه في حالة الأفراد ذوي المهارات المنخفضة أو من التخصصات الوظيفية الأخرى، وقد يرجع هذا إلى أن نوع التدريب الذي يحصل عليه الأفراد ذوو التخصصات الوظيفية العالية أو المديرين، قد يكون غير متخصص مما يقدم فرص أفضل للاستثمار في تنمية مسارات وظيفية يتحمل تكلفتها المنظمة الحالية، والتي يمكن أن يستخدم في منظمة أخرى. حيث أنه يمكن للفرد نقل هذه المهارات والمعرفة إلى منظمة أخرى. وينطبق هذا بدرجة أكبر على مديري الإدارة الوسطى الذين ما زال أمامهم فرص للترقي. وعلى ذلك يمكن افتراض أنه:

أ- كلما زاد نسبة الأفراد فوق خمسين سنة في المنظمة، كلما انخفضت الأنشطة التدريبية.

ب- كلما زاد المستوى التعليمي الرسمي التجميعي في المنظمة كلما زادت الأنشطة التدريبية.

ج- كلما زادت نسبة الأفراد ذوي التخصصات الوظيفية في المنظمة، كلما زادت الأنشطة التدريبية.

د- كلما زادت نسبة مديري الإدارة الوسطى إلى العدد الكلي للعاملين بالمنظمة كلما زادت الأنشطة التدريبية.

وإلى جانب المحددات الهيكلية والديموغرافية التي تم مناقشتها، فإن جوانب الثقافة التنظيمية يجب أن تؤخذ في الاعتبار. ومن أهم جوانب هذه الثقافة هي: العادة

والعرف الذي تتبعه المنظمة فيما يتعلق بالتعليم والتدريب. فالمنظمات التي تؤمن ثقافتها وتشجع التدريب ستكون الأنشطة التدريبية بها مستمرة، وأكثر من المنظمات التي لا تؤمن ثقافتها بالتدريب، وعلى ذلك يمكن افتراض أنه:

كلما كانت تقاليد المنظمة تشجع وتركز على أهمية التدريب بين الأفراد، كلما زاد حجم أنشطتها التدريبية.

أيضا، فهناك جانب ثقافي هام يتعلق بنمط القيادة السائد بالمنظمة وبصفة خاصة، عندما يكون نمط القيادة هو النمط المشارك، أي الذي يشجع المشاركة في عملية اتخاذ القرارات. فطالما أن عملية المشاركة في اتخاذ القرارات ستزيد من المهارات المطلوبة في الأفراد المشاركين في اتخاذ القرارات، وطالما أن التدريب سيوفر وينمي هذه المهارات، فإنه يمكن افتراض أنه:

كلما كان نمط القيادة السائدة بين المديرين هو النمط المشارك كلما زادت الأنشطة التدريبية.

وتمثل قيم الأفراد والمديرين جوهر الثقافة التنظيمية. ومن أهم هذه القيم، تلك القيم المتعلقة بالتعلم والابتكار. وقد أشار بعض الباحثين إلى أن العمليات المؤسسية تعمل على نشر المعتقدات الإيجابية ناحية التدريب، حتى تصبح مع مرور الوقت قيمة التدريب في المنظمات الحديثة هي القيمة الطبيعية المسلم بها. فالقواعد والممارسات التي تدعم التدريب أصبحت قيم مقبولة داخل المنظمة. ومن هذا يمكن افتراض أنه:

كلما زادت القيم المدعمة للابتكارات في المنظمة، كلما زاد النشاط التدريبي للمنظمة[1].

ويمكن أن تخدم طبيعة نظام التعويضات والحوافز في الارتقاء والنهوض بتدريب الأفراد. ويتحقق هذا بدرجة أكبر إذا ما تم إعطاء الحوافز على أساس المهارات

(1) مدخل إستراتيجي لتخطيط وتنمية الموارد البشرية، د. راوية حسن، ص282.

والمعرفة المتراكمة للأفراد، ومثال لذلك عندما يزيد أجر وحوافز الفرد الذي يعمل بوظيفة معينة، نتيجة إتمامه الحصول على درجة أعلى من التعليم أو الحصول على برنامج تدريبي وعلى ذلك يمكن افتراض أن:

في المنظمة التي تطبق نظام للحوافز يعتمد على مستوى المهارات والمعرفة للفرد، تكون أنشطة التدريب أكبر من أنشطة التدريب التي لا تطبق هذا النظام للحوافز.

وأخيرا، فإن الجوانب المعلقة بموقف أو حالة المهارات في المنظمة لها تأثير كبير على مقدار التدريب الذي تقدمه المنظمة. وفي هذا المجال، فإن احتمالات طول مدة بقاء واستمرار المعلومات والمهارات والمعرفة التي يكتسبها الفرد من التدريب، تحدد مدى تقادم هذه المعلومات، وأيضا تحدد مدى الاحتياج لتقديم برامج تدريبية جديدة لصقل أو تنمية المهارات، ومن هنا يمكن افتراض أنه:

كلما كانت دورة حياة مهارات ومعرفة الأفراد في المنظمة قصيرة، كلما زادت الأنشطة التدريبية.

ثالثا: التدريب الداخلي والخارجي:

وهنا يمكن أن نتساءل عن كيفية تنظيم التدريب فمثلا ما هو تقسيم العمل المتبع في مجال الأنشطة التدريبية، وما هي محددات اختيار المنظمة للتدريب داخل المنظمة (صنع المهارات)، أو التدريب خارج المنظمة (شراء المهارات من سوق العمل).

ويمكن تعريف التدريب الداخلي:

على أن الأنشطة التعليمية والمعدة مسبقا من قبل إدارة الأفراد داخل المنظمة، والتي تجذب فقط الأفراد الذين يعملون بالمنظمة أما التدريب الخارجي، فيعرف على أنه الأنشطة التدريبية التي يعدها وينظمها أفراد خارج المنظمة، مثلا استشاريين أو جهات متخصصة للتدريب مثل جهاز التنظيم والإدارة في جمهورية مصر العربية.

101

ويمكن تقديم بعض المحددات التي يمكن أن تختار المنظمة على أساسها أحد البديلين السابقين:

1- العوامل الاقتصادية:

من المنطقي، أن تنظم المنظمة عملية التدريب، بطرق تؤدي على تخفيض التكلفة إلى أدنى حد. ولكن من الناحية العملية إذا نظرنا إلى التدريب على أنه عملية بناء للمهارات والمعرفة، فإنه لا يمكن التركيز فقط على جانب المدخلات أي الموارد التي تدخل في عملية التدريب. ولكن النواتج المتحققة من التدريب أيضا على جانب كبير من الأهمية [1]. والأهم منها، هي العلاقة بين الموارد المستخدمة والموارد المتحققة من التدريب. ولكن تبقى المشكلة الرئيسية، وهي تحويل الآثار الاقتصادية المترتبة أو الناتجة من الأنشطة التدريبية إلى قيم كمية. فنادرا ما تقوم المنظمات بتحليل التكلفة والمنفعة، ولكن يمكن الاعتماد على تقدير فعالية التكاليف لبدائل البرامج التدريبية والتعليمية التي تقدمها المنظمة، وهي لا تحتاج ولا تعتمد على معلومات كمية. ويكون الاختيار على أساس سعر هذه البرامج، والذي يؤثر على جانب التكلفة، وجودة البرامج وهو عبارة عن تقدير المنافع المتوقعة من الأنشطة التدريبية. وإذا ركزت المنظمة على التكلفة فقط، فإن نسبة التدريب الخارجي إلى التدريب الداخلي ستكون منخفضة، ويمكن تحقيق ميزتين من التدريب الداخلي من وجهة نظر المشاركين في التدريب:

1- يعتبر هؤلاء المشاركين أقل تكلفة للمنظمة عن الأفراد أو المدربين خارج المنظمة.

2- يمكن جدولة برامج التدريب الداخلي بدرجة مرونة أكبر تتوافق مع تقلبات أعباء العمل الفعلي بالمنظمة، حيث يمكن تدريب الأفراد في الأوقات عندما يكون استخدام الطاقة الإنتاجية في أدنى حالته فيمكن استخدامها في تدريب الأفراد، ومن ثم لا ينخفض مستوى الإنتاجية.

---

(1)   مدخل إستراتيجي لتخطيط وتنمية الموارد البشرية، د. راوية حسن، ص283 .

2- حجم المنظمة:

أيضا يحدد حجم المنظمة، درجة الرشد الاقتصادي في اتباع أي من التدريب الداخلي أو الخارجي. ففي المنظمة صغيرة الحجم، ليس من الرشد أن تتحمل المنظمة تكلفة تدريب عالية في صورة أخصائي تنمية الموارد البشرية. فالمنظمة صغيرة الحجم، والتي ليس لديها احتياجات الموارد البشرية. والمنظمة صغيرة الحجم، والتي ليس لديها احتياجات تدريبية عالية، ولا تحتاج لتنمية مهارات عالية ومتخصصة لمواردها البشرية، ليس من الرشد، أن تعتمد على التدريب الداخلي.

ومن العوامل الاقتصادية المؤثرة أيضا في اختيار المنظمة للتدريب الداخلي أو الخارجي وجود أسواق داخلية للعمل في المنظمة، مثل هذه الأسواق الداخلية للعمل تتميز بالحاجة طويلة الأجل للإبقاء على الموارد البشرية نظرا للاستثمارات التي تحملتها المنظمة لاستقطاب وتدريب هؤلاء الأفراد ومن هنا، فإنه تكون هناك حاجة قوية لمساعدة هؤلاء الأفراد على التكيف الاجتماعي مع المنظمة والالتزام لن يتم أو يتحقق إلا من خلال التدريب الداخلي والذي يقوم به أفراد آخرون داخل المنظمة على دراية كاملة بثقافة وقيم ومعايير المنظمة مثل هؤلاء الأفراد يكون لديهم قدرة على نقل القيم إلى الأفراد الجدد[1].

وتمثل نوعية المهارات الفردية التي تريد المنظمة تنميتها في أفرادها عاملا آخرا في الاختيار ما بين التدريب داخل المنظمة أو خارجها. وفي هذا المجال يمكن التفرقة بين نوعين من التدريب، وهما:

1- التدريب العام: والذي يمكن للفرد استخدام المهارات المكتسبة من خلال التدريب في أي منظمة بغض النظر عن المنظمة التي قدمت له التدريب.

---

(1) مدخل إستراتيجي لتخطيط وتنمية الموارد البشرية، د. راوية حسن، ص285 .

2- التدريب المتخصص: والذي لا يمكن للفرد أن يستخدم المهارات المكتسبة إلا داخل المنظمة التي قدمت له التدريب.

وفي حالة رغبة المنظمة في خلق وبناء مهارات متخصصة من خلال التدريب فإنه ليس أما المنظمة أي اختيار إلى التدريب الداخلي.

أما في حالة رغبة المنظمة في زيادة المعرفة من المهارات غير المتخصصة أو العاملة، فإنه من المنطقي أن تقدم الخدمات التدريبية من خلال التدريب خارج المنظمة.

وتؤثر إستراتيجية المنظمة على مزيج التدريب المستخدم داخل المنظمة (داخلي / خارجي) بطريقتين:

1- إذا كانت إستراتيجية المنظمة تتضمن الدخول في مجال صناعات جديدة لم تعمل بها المنظمة من قبل، وفي نفس الوقت تريد المنظمة أن تحقق هذا التوجه دون إحداث تغيير في مواردها البشرية الحالية، فإنه تكون هناك حاجة إلى مهارات متخصصة في تلك الصناعات، وتكون عامة بالنسبة للمنظمة، وفي حالة عدم قدرة المنظمة على تحقيق أو تنمية هذه المهارات، فإنه لابد لجهات تدريبية خارجية أن تقدم هذه الخدمات التدريبية، وتحول الخبرة والمعرفة والمهارات المتخصصة، في هذه الصناعات.

2- في حالة المنظمات متعددة الجنسية، إذا كانت المنظمة الأم أو الأصلية تريد تدريب أفرادها للعمل في فروعها في بلاد أجنبية أخرى فإنها تحتاج في هذه الحالة إلى تنمية مهارات غير متخصصة أو معرفة عامة عن خصوصيات البلاد الأخرى. وعادة ما يتم تحقيق هذا من خلال جهة خارجية للتدريب، ومع ذلك ممكن بعد فترة أن يتحول هذا التدريب ليتم داخليا وكلما رغبت المنظمة في تنمية مهارات متخصصة مقارنة بمهارات عامة بين أفرادها فإن معدل التدريب الخارجي إلى التدريب الداخلي سيكون أقل.

104

إلى جانب العوامل الاقتصادية للمنظمة، فإن العوامل والظروف داخل المنظمة تؤثر على الاختيار بين الأنشطة التدريبية وتوزيع تنمية الموارد البشرية بين مجموعات الأفراد وعبر الأقسام والوحدات المختلفة، فالعوامل السياسية داخل المنظمة قد تفرض تأثيرها على الاختيارين التدريب داخل المنظمة أو خارجها وتعرف السياسة "بمن يحصل على ماذا؟ ومتى؟ وكيف؟ فالسؤال من الذي يتلقى أي نوع من التدريب، ومتى، وكيف يكون عادة الإجابة عليه متوقعة على مدى علاقات القوة والنفوذ الداخلي.

فالمركز الحقيقي والوضع والمكانة التي تحتلها إدارة الموارد البشرية وتنمية الموارد البشرية داخل المنظمة قد يكون له تأثير كبير على مقدار، وتوزيع وتنظيم و تنمية المهارات والمعارف المختلفة للأفراد، ويختلف هذا المركز والوضع أو المكانة اختلافا قويا عبر المنظمات، ولكن بصفة عامة فإن هناك انطباع عن مكانة إدارة الموارد البشرية وتنمية الموارد البشرية المنخفضة نسبيا في معظم دول العالم وبصفة خاصة جمهورية مصر العربية. فإلى الآن لم تلق إدارة الموارد البشرية الاهتمام الكافي، ولا تظهر في الخرائط التنظيمية، أيضا فإن الأهمية التي تعطي للتدريب لم ترق إلى مستوى تعيين متخصصين على درجة عالية من الكفاءة والتخصص لتوجيه عملية التدريب.

وفي نفس الوقت، فإنه من المتوقع أن يسعى المسئولون أو المتخصصون في مجال التدريب في المنظمات تماما مثل أي مجموعة متخصصة أخرى إلى تحسين أوضاعهم داخل المنظمة وتدعيم مكانتهم من خلال تحقيق مزيد من التأثير أو النفوذ وبالاستحواذ على موارد أكبر، ومثل هذا السلوك قد يؤثر على المزيج الفعلي من التدريب الداخلي والخارجي.

ويحقق تعيين مثل هؤلاء المتخصصين في مجال التدريب عديد من المزايا ومنها:

1- تخفيض تكلفة التدريب الخارجي.

2- زيادة احتمالات وجود إدارة أقوى للموارد البشرية داخل المنظمة.

3- إضفاء مزيد من الشرعية والنفوذ لأنشطة هؤلاء المتخصصين في مجال الأنشطة التدريبية مما يزيد من نفوذهم وتأثيرهم داخل المنظمة.

ونتيجة لصعوبة أو استحالة تقدير الآثار المترتبة على التدريب، فإنه يمكن الاعتماد على تقييم مدى نجاح البرامج التدريبية على أساس المبالغ المستثمرة في التدريب أو خلاف التدريب والذي تشمل: عدد البرامج وعدد المشاركين وعدد ساعات التدريب ويمكن تقدير هذه القيم في مجال التدريب داخل المنظمة بدرجة أكبر نظرا لسيطرة المنظمة وتحكمها في القائمين بعملية تنمية الموارد البشرية، وكلما زادت المكانة التي يتمتع بها إدارة وتنمية الموارد البشري في المنظمة كلما زادت معدل التدريب الداخلي إلى الخارجي، ولكن أحيانا ما تمارس بعض الضغوط الداخلية التي تعترض الرغبة والاتجاه للمزيد من التدريب الخارجي[1].

وهذه الضغوط تتمثل في بعض الجماعات التي لها مصالح شخصية في توجيه التدريب إلى الجهات الخارجية وعادة تكون هذه الجماعات ذات المصالح الشخصية من الأفراد ذوي التخصصات الوظيفية العالية والذين يشعرون بأن ولائهم الأكبر للتخصصات، وهذا بالرغم من التزامهم التنظيمي، ومثل هؤلاء الأفراد قد ينجحون في الحصول على برامج تدريبية خارجية باهظة التكاليف.

أما من وجهة نظر المديرين الاستشاريين والتنفيذيين، فإن برامج التطوير الإداري التي تقدمها جهات خارجية متخصصة، تتميز بالمكانة والتقدير بدرجة أكبر من البرامج الداخلية، لذلك فإنه كلما زادت نسبة المديرين في المنظمة وخاصة مديري الإدارات العليا كلما زاد الاتجاه إلى التدريب الداخلي.

---

(1) مدخل إستراتيجي لتخطيط وتنمية الموارد البشرية، د. راوية حسن، ص289.

ولكن بالرغم من المزايا التي يمكن أن يحققها التدريب الخارجي لتنمية المهارات الإدارية للمديرين على مستوى المنظمة، إلا أن التكلفة قد تكون عالية، إذا ما فقدت المنظمة هذه الاستثمارات بترك هؤلاء المديرين العمل بالمنظمة والعمل في منظمة أخرى تقدم لهم أجرا وشروط عمل فضل.

وخلاصة القول أن الاختيارات بين التدريب داخل المنظمة أو شراء هذا التدريب من جهات خارجية يتأثر بالضغوط السياسية، والمصالح الشخصية التي تمارسها الجماعات ذات المصالح الشخصية داخل المنظمة.

المكافآت الفردية المتحققة من التدريب:

يمثل تدريب الأفراد حجر الأساس لأنظمة تنمية الموارد البشرية في معظم المنظمات. وبالرغم من ذلك فإن دراسة المنافع والمكافآت الفردية التي يحصل عليها الفرد نتيجة اكتسابه خبرات ومهارات جديدة، قد تم تجاهلها وإغفالها في معظم الدراسات.

وقد ازدادت الأهمية التي يلقاها التدريب خاصة في ظل التغيرات السريعة التي تواجه المنظمات سواء في مجال البيئة الداخلية أو الخارجية حيث يساعد التدريب في تنمية والحفاظ على تكيف المنظمة مع هذه الظروف المتغيرة، وإذا شعر الأفراد المشاركون في البرامج التدريبية أن اشتراكهم في هذه البرامج يعتبر نوعا من المكافأة بالنسبة لهم، فإن احتمال المشاركة في التدريب سيزيد في المستقبل، وبهذه الطريقة يمكن للمنظمة أن تجعل عملية المشاركة في البرامج التدريبية هي عملية تدعيم ذاتي.

والنقطة التي تريد إثارتها فيما يتعلق بتنمية المهارات والخبرات والمعرفة في مجال العمل، هي إمكانية زيادة تأثير البرامج التدريبية على المكافآت المحتملة للفرد. ويمكن أن يتحقق هذا من خلال تضمين تنمية المهارات وجعلها جزءا من أنظمة المكافآت بالمنظمة [1].

---

(1)   مدخل إستراتيجي لتخطيط وتنمية الموارد البشرية، د. راوية حسن، ص291 .

وعادة ما يتم تصنيف وظائف إدارة الموارد البشرية إلى تخطيط الموارد البشرية، والاستقطاب والاختيار وتحليل الوظائف، وتخطيط المسارات الوظيفية والتعويضات والمنافع، وتقييم الأداء، وما على غير ذلك من الأنشطة والوظائف التي تقوم بها إدارة الموارد البشرية، وقد أدى هذا التصنيف إلى اعتقاد البعض بأنه لا يوجد تداخل أو تفاعل بين هذه الوظائف. كما أنه أدى أيضا إلى اعتقاد البعض بأنه إذا كانت الوظائف في بعض المجالات والأنشطة تؤدي بطريقة سليمة، فإن هذا يعني ضمنيا أن إدارة الموارد البشرية ككل تؤدي عملها بفاعلية.

وإذا أخذنا مثال لتفاعل وظائف وأنشطة الموارد البشرية، فخير مثال هو التفاعل الموجود بين نشاط أو وظيفة التدريب ومكافآت الأفراد أو ما يمكن أن نطلق عليه المنافع المتحققة من التدريب.

فالتدريب من وجهة نظر المنظمة ينظر إليه على أنه تنمية المهارات المرتبطة بأداء العمل داخل المنظمة، أما التدريب من وجهة نظر الفرد فإنه ينظر إليه على أنه مزيد من المكافآت المتحققة للفرد، لأن التدريب يزيد من مهارات، وقدرات ومعرفة الأفراد. كذلك، فإن توقعات الأفراد المرتبطة بالمنافع المتحققة من التدريب تؤثر على استعداد الأفراد للمشاركة في التدريب أي أن الفرد يكون لديه استعداد ذاتي للمشاركة في عملية التدريب.

ومن المنافع التي قد يتوقعها الفرد بناء على مشاركته في التدريب وفقا لنتائج بعض الدراسات في هذا المجال ما يلي:

1- تغيير الوظيفة.

2- القيام بواجبات ومهام أكثر إثارة بالنسبة للفرد.

3- الترقية.

4- زيادة درجة الاستقلالية في العمل.

5- القيام بمهام جديدة.

6- درجة أكبر لتحقيق الذات.

7- زيادة الثقة بالنفس.

8- تكوين علاقات اجتماعية وصدقات جديدة من خلال البرنامج التدريبي.

ونظرا لتوقعات الأفراد المحتملة للمنافع المتحققة من التدريب واكتسابهم المهارات وخبرات وقدرات جديدة فإن المنظمة يجب أن تربط بين أنظمة الحوافز والتدريب الذي يتلقاه الفرد. لأن التدريب يفترض أنه يؤثر تأثيرا كبيرا ومتزايدا على توزيع المهام والأعمال على الأفراد وعلى علاقات هذه الأعمال بالمكافآت الممنوحة للفرد.

وعمليا، لو شعر الفرد أن اشتراكه في التدريب هو مجرد تدريب من أجل التدريب فقط، والذي لن يحقق أي منافع بالنسبة له لن يكون لدى الفرد أي دافع للمشاركة في هذه البرامج. حتى لو اشترك فيها تفاعله مع عملية التعلم واكتسابه للمهارات سيكون سلبيا. ومن ثم لن يحقق التدريب الغاية المرجوة منه في إكساب المهارات والقدرات واستمرارها.

الفصل الرابع

التدريب وعلاقته بإدارة الجودة الشاملة

الانعكاسات بالنسبة لعمليات التدريب الإداري:

يمكن التوصل إلى مجموعة من النتائج المهمة بالنسبة لتفعيل دور التدريب الإداري:

- من المهم أن يوضح التدريب الإداري كنشاط مؤثر ضمن إستراتيجية متكاملة لإعداد وتنمية وتطوير قدرات ومهارات ومعارف المديرين في مستويات ومجالات الإدارة المختلفة.
- أهمية تخطيط التدريب الإدارية في ضوء معرفة مستفيضة بواقع نظام الأعمال ومقومات المنظمات الحديثة من حيث التوجهات المعرفية والأولويات الإدارية، وظروف وإمكانيات المنظمات والظروف المحيطة بها.
- أهمية أخذ أطراف العملية الإدارية المختلفين في الاعتبار عند تخطيط وتفعيل التدريب، وتضم كل الأطراف العاملين بالدرجة الأولى، أعضاء الهيئات الإدارية والفئات المساندة في المنظمة، وكذا العملاء والموردين وغيرهم من أصحاب المصلحة وممثلي المجتمع المعنيين.
- من المهم أن يبدأ التفكير في التدريب والتطوير منذ بداية تشكيل المديرين وذلك بإدماج التدريب في مراحل الدراسة في كليات ومعاهد الإدارة وغيرها من مؤسسات إعداد وتهيئة المديرين.
- يمكن دعم أثر التدريب الإداري من خلال مجموعة نظم تنمية الموارد البشرية الأخرى ومنها نظم الرواتب والحوافز، ونظم تيسير التنمية الذاتية.

- يعتمد تخطيط التدريب الإدارية الفعال على فعالية وديناميكية نظام تقييم أداء المدير، وضرورة استثمار تحليل نتائج التقييم في تحديد الدور المناسب للتدريب إلى جانب عمليات أخرى يتضمنها نظم تنمية الموارد البشرية.

- ينبغي أن يتكامل التدريب الإداري مع مخططات الحركة الوظيفية لشاغلي الوظائف الإدارية من حيث أهداف ومحتوى التدريب وتوقيته، ويحقق ذلك التلاؤم بين متطلبات العمل المستقبلي الذي يتم إعداد المدير لمباشرته في مرحلة تالية وبين آليات التدريب في كل مرحلة وظيفية [1].

تطبيق مفاهيم إدارة الجودة الشاملة في عمليات التدريب:

اهتمت الإدارة المعاصرة بمفهوم إدارة الجودة الشاملة باعتباره مدخلا لتحقيق التميز وبناء القدرات التنافسية التي تمكن المنظمات من التعامل بإيجابية في الأسواق، وبفعل الضغوط التنافسية من ناحية، وتطورات ظاهرة العولمة من ناحية أخرى أصبح التوجه نحو تطبيق مفاهيم وتقنيات إدارة الجودة الشاملة سمة حيوية ومطلبا لا غنى عنه في المنظمات المعاصرة التي أصبحت الأسواق العالمية تشكل الجانب الأهم نشاطا. كما ساهم انتشار المواصفة الدولية iso900 في تأكيد الاتجاه نحو تطبيق إدارة الجودة الشاملة. وقد كان التدريب أحد أهم الآليات المساعدة على إعداد الموارد البشرية القادرة على استيعاب وتطبيق تقنيات إدارة الجودة الشاملة، ولكن نشاط التدريب في ذاته لم يكن محلا لتطبيق تلك التقنيات.

ونهدف على طرح فكرة إخضاع النشاط التدريبي في المنظمة لمفاهيم إدارة الجودة الشاملة سعيا لتحقيق مستويات أعلى من الكفاءة والفعالية في هذا النشاط الحيوي لتنمية وتطوير الموارد البشرية.

---

(1) إدارة الموارد البشرية الإستراتيجية، أ. د. علي السلمي ص242.

مقابلة بين إدارة الجودة الشاملة وإدارة التدريب:

يشكل التدريب في شكل نظام مفتوح يضم مجموعة المدخلات التي يبدأ بها النظام، والعمليات التي تعمل على تحويل المدخلات على المخرجات التي قام النظام في الأساس لتحقيقها. والتدريب في ذاته نظام فرعي من نظام أكبر هو نظام "تنمية الموارد البشرية" وهو بدوره نظام فرعي في نظام "إدارة الموارد البشرية".

ويتميز نظام التدريب شأن كل النظم المفتوحة التي تتكامل أجزاءها وعناصرها الداخلية وتتفاعل مع البيئة المحيطة بخاصية التوازن بين أجزائه وفيما بين العناصر الداخلية في كل جزء وهو التوازن الداخلي، وكذا التوازن بين النظام وبين المناخ المحيط كما يتميز نظام التدريب بخاصة التفاعل وبين أجزائه الداخلية والتفاعل مع المناخ المحيط. ومن محصلة هاتين الخاصتين تتكون حركة النظام وسعيه الدائب لأن يكون دائما في حالة التوازن الداخلي والتكيف والترابط مع البيئة المحيطة.

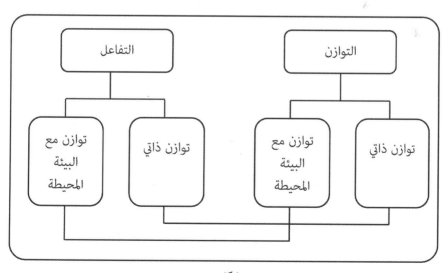

شكل (7)

التوازن والتفاعل في نظام التدريب

113

ومن المهم التعرف على مكونات نظام التدريب حتى تتحقق المقابلة المنشودة بينه وبين إدارة الجودة الشاملة.

مبادئ مهمة في تفعيل نظام التدريب وفق مفهوم إدارة الجودة الشامل:

تكاملت لدينا من خلال الدراسات المستمرة والممارسة المتصلة لعمليات التدريب مجموعة المبادئ التالية التي توضح حقيقة التدريب باعتباره في الأساس شكل من أشكال تأكيد الجودة في الأداء:

- إن البداية الحقيقية للتدريب هي التعرف على المتدرب (العميل الأساسي) حين يحدد احتياجاته، أو حين يتم الكشف عن احتياجاته بطريق أو آخر بمعاونة المختصين في التدريب، لذا تكمن أهم أسباب قصور التدريب وانحصار تأثيره حين لا يشارك المتدرب في التعبير عن احتياجاته.

- إن التدريب ليس علاقة منحصرة بين (المدرب – المتدرب)، ولكن هناك أطراف أخرى مهمة في تلك العلاقة منهم الرئيس المباشر للمتدرب، فهو طرف أصيل في هذه العلاقة إذ يغذي المدرب بالمعلومات الأساسية الكاشفة عن الاحتياجات التدريبية، ويحكم على التدريب بالنجاح أو الفشل بأسلوب تعامله مع المتدرب بعد عودته من التدريب. كذلك فإن زملاء المتدرب المتعاونين معه في الأداء والموردين وغيرهم من الأطراف الخارجية الذين يتعامل معهم المتدرب (أو المرشح للتدريب على وجه الدقة) والعملاء الذين يقوم على خدمتهم، كل هؤلاء أطراف مهمين في العلاقة التدريبية ينبغي أن يشاركوا بالمعلومات في صياغة الاحتياجات التدريبية، ويشاركوا أيضا في الحكم على كفاءة التدريب.

- إن المدرب ليس مجرد ناقل للمادة التدريبية ووسيط سلبي في العملية، إنما هو عنصر إيجابي يعمل في اتجاهين: الاتجاه الأول هو التأثير المباشر في المتدرب من خلال التفاعل معه في موقع التدريب، والاتجاه الثاني هو التأثير غير المباشر في رئيس

المتدربين وزملائه وكافة المتصلين به في العمل، وذلك من خلال التغيير الذي يمكن إحداثه في سلوك ومهارات ومعارف المتدرب التي ينقلها إلى موقع العمل بعد انتهاء التدريب. وتظهر هذه الحقيقة خطورة المشكلة المتكررة في حالة الاعتماد كليا على مدربين خارجين لا تتاح لهم الفرصة للتفاعل مع المديرين وزملاء المتدربين داخل المنظمة وغيرهم من أصحاب المصلحة من خارج المنظمة.

- إن المتدرب هو محور الارتكاز في العملية التدريبية إذ يمارس دورا ثلاثي الأبعاد، فهو مصدر للمعلومات ويشارك في تحديد احتياجاته التدريبية، وهو متلقي للخدمة التدريبية، وهو أيضا مشارك في فعاليات التدريب يناقش ويسأل، ويقدم أفكاره وخبراته للمتدربين الآخرين (وللمدرب أيضا). ومن المفيد تأكيد هذه الحقيقة التي تغيب عن كثير من العاملين في حقل التدريب، وذلك بعقد مقارنة قارن بين المريض على طاولة العمليات والجراح يجري العملية الجراحية، والمريض الأخر الذي يستلقي على أريكة المحلل النفسي. في الحالة الأولى يكون المريض سلبيا ليس له دور فيما يجرى له سوى التلقي وهي حالة تشبه المتدرب الذي لا يؤخذ في الاعتبار عند تخطيط وإدارة العملية التدريبية. أما في الحالة الثانية فإن المريض طرف أساسي مشارك في صنع القرار شأنه شأن المتدرب الذي يمارس دور ثلاثي الأبعاد.

تلك المبادئ الرئيسية المهمة في التدريب تقربنا من مفهوم إدارة الجودة الشاملة التي تقوم في الأساس على مفهوم المشاركة الكاملة من جميع أطراف المنظمة لوضع تقنيات إدارة الجودة الشاملة موضع التنفيذ الصحيح.

مقارنة بين المفاهيم الأساسية لإدارة الجودة الشاملة والتدريب:

تهدف هذه المقارنة على تأكيد ما توصلنا إليه من أن التدريب هو وجه لإدارة الجودة الشاملة، وأن إدارة الجودة الشاملة هي الأخرى قرينة للتدريب. وتجري المقارنة

115

من حيث التعريف ونقطة البدء، تطور المفهوم، الوظيفة الأساسية، العلاقات، ومفهوم العملية وذلك على النحو التالي:

1- من حيث التعريف:

تتفق إدارة الجودة الشاملة، والتدريب من حيث التعريف، حيث أن الجودة بالتعريف هي إرضاء العميل (إشباع احتياجات)، وكذلك فإن التدريب هو إرضاء العميل (إشباع احتياجات). ومحل الاتفاق الأساسي أن كلا من إدارة الجودة الشاملة والتدريب يرتكزان على العميل ويتوجهان لخدمته وإرضائه.

2- من حيث نقطة البدء:

في إدارة الجودة الشاملة نقطة البدء هي تحديد العميل، وبالتالي تحديد احتياجاته. وفي التدريب نقطة البدء أيضا هي تحديد العميل (المتدرب وأصحاب العلاقة) وتحديد الاحتياجات التدريبية والتي يعبر عنها في شكل تغييرات سلوكية أو إكساب المتدرب مهارات أو إضافات معرفية يحتاجها المتدرب ويتأثر بها مخالطوه والمتصلين به في العمل. إذن التوجه الأساسي في إدارة الجودة الشاملة والتدريب واحد وهو السوق المستفيد (العملاء).

3- من حيث تطور المفهوم:

تطور مفهوم الجودة من نظرة ضيقة تحصرها في جودة السلعة من الناحية الإنتاجية (أي مطابقتها لمواصفات فنية محددة)، إلى مفهوم شامل يرى ضرورة التطابق مع رغبات العميل والصلاحية في الاستعمال، كذلك التدريب تطور من نظرة ضيقة تحصره في تلقين معلومات أو تكوين بعض المهارات بطريقة آلية، إلى مفهوم شامل يراه عاملا في تنمية شاملة للمورد البشري.

ومن ثم فإن النظرة الموضوعية الحديثة في الفكر الإداري المعاصر ترى الجودة

والتدريب من منظور يتعدى الشكلية الفنية إلى العائد للمستفيد أي القيمة المضافة التي يحققها كلا النشاطين، إذ من المفترض أن يتحقق عائد من إدارة الجودة الشاملة في زيادة منافع للعميل سواء المتدرب أو المستهلك وغيرها من أصحاب المصلحة، ومن ثم للمنظمة في صورة زيادة الأرباح وتحسن الإنتاجية.

4- من حيث الوظيفة الأساسية:

الوظيفة الأساسية لإدارة الجودة الشاملة هي العمل على زيادة القدرة التنافسية للمنظمة من خلال قبول العميل لما تقدمه المنظمة من سلع وخدمات تفضل ما يقدمه له المنافسون. كذلك فإن الوظيفة الأساسية للتدريب هي العمل على زيادة القدرة التنافسية للمنظمة من خلال الإنتاج المتميز للمتدربين الأعلى كفاءة والأكثر معرفة وإقبالا على الأداء وتقديم أفضل الخدمات للعملاء، ومن ثم يتحقق قبول العملاء للمنظمة ومنتجاتها ويفضلون التعامل معها باستمرار[1].

5- من حيث العلاقات:

تقوم إدارة الجودة الشاملة على استثمار علاقة (المورد – العميل) على كل المستويات، وفي جميع المجالات، داخل المنظمة وخارجها، كما يقوم التدريب أيضا على استثمار وتفعيل علاقة (المورد – العميل) كما يوضح الشكل التالي:

---

(1)   إدارة الموارد البشرية الإستراتيجية، أ. د. علي السلمي ص249 .

117

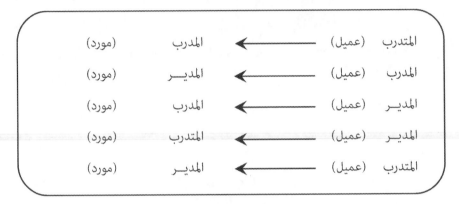

المتدرب	(عميل)	←	المدرب	(مورد)
المدرب	(عميل)	←	المديـــر	(مورد)
المديـــر	(عميل)	←	المدرب	(مورد)
المديـــر	(عميل)	←	المتدرب	(مورد)
المتدرب	(عميل)	←	المديـــر	(مورد)

شكل (8)

علاقة المورد بالعميل

ومن ذلك يتضح أن كفاءة التدريب تتوقف على إدراك واحترام واستثمار علاقات (المورد - العميل)، إذ لا يتصور نجاح التدريب في إحداث الآثار الإيجابية في الأداء إذا لم يبدأ المدرب (كعميل) بالحصول على المعلومات الدالة على احتياجاته التدريبية من المرشح للتدريب (مورد)، وإذا لم يتقبل المدير (كعميل) الأفكار الجديدة وتوجهات الأداء البديلة التي يقدمها المتدرب (كمورد).

6- من حيث مفهوم العملية:

ينطبق مفهوم العملية في حالتي إدارة الجودة الشاملة، والتدريب بمعنى أن النتائج المستهدفة من أيهما (مخرجات) لا تتحقق إلا من خلال سلسلة من الأعمال (الأنشطة) يستخدم فيها موارد مختلفة (مدخلات).

ومن ثم يتضح أن مفهوم العملية يجد مجالا للتطبيق في كل من إدارة الجودة الشاملة والتدريب باعتبار كلا منهما نظاما مفتوحا، حيث نجد في الحالتين انطباق المبادئ التالية:

- مبدأ التوازن الداخلي بين المدخلات / الأنشطة / المخرجات.

- مبدأ التوازن الذاتي فيما بين المدخلات بعضها البعض، والأنشطة ذاتها، وفيما بين المخرجات نفسها.

- مبدأ الترابط بين العمليات (مخرجات عملية "أ" هي مدخلات العملية "ب" وهكذا).

عمليات التدريب وفق مفهوم إدارة الجودة الشاملة:

باعتبار التدريب نظام مفتوح، فإنه يحصل على المدخلات من المناخ الداخلي والخارجي في صورة معلومات تستخدم لتنشيط وتحريك سلسلة مهمة من العمليات التي توفر مجمل الخدمات التدريبية لعملاء النظام بمفهوم إدارة الجودة الشاملة. وتضم تلك العمليات ما يلي:

- دراسة وتحليل المناخ الخارجي وتبين الفرص والمهددات للنشاط التدريبي.

- دراسة وتحليل المناخ الداخلي للمنظمة، وتبين الإمكانيات المساندة للنشاط التدريبي والمعوقات القائمة أو المحتملة.

- تحديد الإستراتيجية العامة للتدريب في ضوء إستراتيجية إدارة الموارد البشرية بالمنظمة.

- تحديد الأهداف الإستراتيجية والإجرائية للتدريب.

- تحديد سياسات التدريب ومعايير وقواعد الاحتكام للمفاضلة بين البدائل واتخاذ القرارات في قضايا التدريب ومشكلاته.

- تحديد العملاء المباشرين للتدريب وأصحاب المصلحة المرتبطين بهم في العمل.

- تحديد احتياجات العملاء وأصحاب المصلحة وترجمتها إلى أهداف تدريبية.

- دراسة إمكانيات تحقيق احتياجات العملاء التدريبية والمعوقات أو المهددات المحتملة.

- إعداد خطة التدريب العامة وتفصيلاتها التنفيذية.
- تطوير المنتجات التدريبية.
- تخطيط وتصميم وتوقيت الفعاليات والموارد التدريبية.

وتمثل تلك العمليات منهجا متكاملا يعبر عن مجمل الأنشطة في إدارة التدريب التزاما بمفاهيم إدارة الجودة الشاملة، ويقوم على أداءها فرق متكاملة بالتعاون والمشاركة الفعالة من المستفيدين. ونعرض فيما يلي لبعض تلك العمليات ذات الدلالة على الترابط مع مفهوم إدارة الجودة الشاملة: [1]

دراسة وتحليل المناخ الخارجي:

يهتم مخطط التدريب بدراسة المناخ المحيط للتعرف على أمرين: الفرص - المحاذير، والهدف تبصر كيف يمكن تخطيط وتنفيذ الأنشطة التدريبية في المنظمة باستثمار الفرص المتاحة في المناخ وتجنب المحاذير أو الأخطار. وعلى سبيل المثال إن توفر طاقات تدريبية متميزة في المجتمع من خلال مراكز التدريب المتخصصة ومعاهد التنمية الإدارية وما تقدمه المكاتب الاستشارية من خدمات تدريبية متطورة، كل ذلك يعتبر فرصا من المفيد أن تستثمرها إدارة التدريب في منظمة ما بدلا عن إنشاء إمكانياتها التدريبية الذاتية بكل ما يتطلبه ذلك من استثمارات وجهود يمكن توجيهها إلى استخدامات أخرى تحقق قيمة مضافة أعلى.

ويهتم مخططو التدريب بعناصر المناخ الخارجي التالية:

- الظروف الاقتصادية، الاجتماعية، السياسية السائدة في المناخ وتأثيراتها المحتملة على أنشطة المنظمة ومن ثم على فعاليات التدريب بها.

(1) إدارة الموارد البشرية الإستراتيجية، أ. د. علي السلمي ص251 .

- السوق الذي تتعامل فيه المنظمة (محلي، إقليمي، عالمي، سوق مشترين، سوق بائعين، سوق نام أي في مرحلة النمو والتوسع..).

- العملاء الذين يتعاملون في منتجات المنظمة من أفراد، شركات، هيئات، والتعرف على خصائصهم ومستويات رضائهم عن التعامل مع المنظمة، ومصادر شكاواهم إذا وجدت.

- المنافسون وماذا يعرضون وطبيعة العملاء المتعاملين معهم وما يتمتع به المنافسون من مزايا لا تتوفر للمنظمة.

- الفكر الإداري السائد والمفاهيم التدريبية المقبولة في الممارسات الإدارية في المناخ، والتقنيات التدريبية السائدة والمحتملة.

- الفرص والأساليب والبدائل التدريبية المتاحة للاستخدام بواسطة المنظمة والأعباء والمزايا المترتبة على ذلك.

تلك المعلومات وغيرها الناتجة من دراسة وتحليل المناخ الخارجي تساعد إدارة التدريب في التعرف على العملاء المحتملين وطبيعة احتياجاتهم التدريبية. ومن ثم تسهم في تفعيل التوجه لتطبيق إدارة الجودة الشاملة بالتحديد الدقيق للعملاء والتركيز على إرضائهم.

دراسة وتحليل المناخ الداخلي:

تتيح دراسة وتحليل المناخ الداخلي التعرف على مجمل الظروف والأوضاع التنظيمية، الإنتاجية، التكنولوجية، والمالية السائدة في المنظمة، وما يتوفر لها من إمكانيات مادية وبشرية كما ونوعا، وطبيعة وتوجهات الثقافة التنظيمية السائدة. وكذلك التعرف على أهداف وسياسات الإدارة العليا التي تواجه مجمل عمليات وفعاليات المنظمة ومنها التدريب.

121

والغرض الذي تسعى إليه إدارة التدريب من دراسة المناخ الداخلي هو التعرف على الإمكانيات الذاتية إليه إدارة التدريب من دراسة المناخ الداخلي هو إدارة التدريب، وما يقيد استخدام تلك الإمكانيات من قيود أو معوقات تنظيمية أو بشرية أو تقنية. كذلك تتعرف إدارة التدريب على درجة استغلال الطاقات المتوفرة ومدى جودة استغلالها في عمليات المنظمة المختلفة، ومن ثم تحديد الثغرات أو المشكلات والاختناقات التي تعاني منها العمليات، وتمثل بالتالي مصدرا مهما في تحديد الاحتياجات التدريبية من أرض الواقع، وتوجيه إدارة التدريب في اختيار التصميم المناسب لفعاليات التدريب.

تحديد إستراتيجية التدريب:

تحدد الإدارة العليا الإستراتيجية العامة للمنظمة ومنها تستقي إدارة التدريب التوجهات الإستراتيجية لإدارة وتنمية الموارد البشرية، ومن ثم يمكن استخلاص وبناء إستراتيجية واضحة للتدريب تعبر عن التوقعات المرجوة منه في بناء القدرات والمهارات وتنمية المعارف وأنماط السلوك الإيجابي للعاملين بالمنظمة وفق الاحتياجات التي تكشف عنها نظم تقييم الأداء [1].

تحديد أهداف التدريب:

وقد تتمثل بعض أهداف التدريب والتي يمكن التعبير عنها في صورة نتائج اقتصادية، تقنية، وإنسانية مرغوبة:

• تتركز الأهداف الاقتصادية في زيادة الإنتاج، تحسين الإنتاجية، تخفيض الفاقد والضائع، زيادة المبيعات، تنمية الحصة السوقية، زيادة معدلات النمو، وتأكيد المركز التنافسي.

---

(1) إدارة الموارد البشرية الإستراتيجية، أ. د. علي السلمي ص253.

- وتدور الأهداف التقنية حول تحسين استغلال الطاقات الإنتاجية المتاحة، وسرعة وتعميق استيعاب التقنيات الجديدة وحل مشكلات إدماجها في الحزمة التقنية بالمنطقة.

- وتهتم الأهداف السلوكية بتعديل اتجاهات ودوافع العاملين وتنمية رغباتهم في الأداء الأحسن، وتنمية روح الفريق بينهم، وتعميق الإحساس بمفهوم خدم العملاء.

تحديد سياسات التدريب:

السياسة هي مجموعة التوجهات، الرؤى، القواعد، والضوابط التي تترجم أهداف بذاتها تريدها الإدارة. وتحقق السياسات وظيفتين مهمتين في الإدارة عامة وفي التدريب بشكل خاص، إذ توفر مرشدا للاتخاذ القرارات، وهي أيضا معيار لمتابعة التنفيذ وتقييم الأداء. وسياسات التدريب بهذا المعنى جزء لا ينفصل عن إدارة التدريب بالمعنى الشامل. ومن أهم سياسات التدريب ما يلي:

- سياسة تحديد قواعد ترشيح واختيار المتدربين.

- سياسة تحديد الاحتياجات وتحديد دور المدرب، دور المتدرب، مسئولية الرئيس المباشر للمتدرب (المدير) تحديد مصادر المعلومات، ومعايير الاحتكام إلى غير ذلك من تفصيلات تتعلق بالتحديد الدقيق والمراجعة الفاحصة للاحتياجات التدريبية.

- سياسة تخطيط التدريب، وتحديد أساليب التخطيط وتوقيته وأسس اختيار القائمين عليه، ومعايير تقييم فعاليته.

- سياسية توقيت التدريب بالنسبة للعاملين الجدد والتدريب أثناء العمل، وتحديد مدة الطرح التدريبي الواحد، أسس اختيار مواعيد تنفيذ البرامج التدريبية.

- سياسة ترشيح واختيار وإعداد وتنمية المدربين ومصادر الحصول عليهم وشروط التأهيل والخبرة اللازم توفرها فيهم. كذلك تحديد سياسة المدربين، و قواعد تنظيم عملهم وتحديد مكافآتهم، ومعايير تقييم أدائهم.

123

- سياسة تنفيذ التدريب وتحديد مدى الاستعانة بالموارد والإمكانيات الذاتية في تنفيذ الفعاليات التدريبية التي يتم إسنادها لجهات خارجية متخصصة، وفي جميع الأحوال تقرر السياسة أين تعد المواد التدريبية ومن يشرف على التنفيذ ويراقب جودته.

- سياسة تقويم التدريب وتحديد معايير وتقنيات التقييم، وتقرير القائمين به ومسئولياتهم وصلاحياتهم، فضلا عن تحديد توقيت التقييم قبل البدء في التدريب وأثناء تقدم العملية التدريبية وبعد انتهائها.

تحديد العملاء:

العميل في الفكر التدريبي التقليدي هو "المتدرب" وهو عادة موظف (عامل) يعاني من مشكلات في الأداء، أو مطلوب تحسين أو تحديث أو تنويع أو زيادة معارفه، مهاراته، أو مكوناته السلوكية. ولكن وفق مفاهيم إدارة الجودة الشاملة يصبح العميل ليس فقط هذا المتدرب الذي يمكن أن نطلق عليه اسم " العميل المباشر"، بل يعتبر من العملاء أيضا أصحاب المصلحة وذوي العلاقة بالمتدرب بسبب مهام عمله، وفي مقدمتهم الرئيس (الرؤساء) المباشر وزملاء العمل وأعضاء فرق العمل التي يشارك فيها المتدرب (وهؤلاء عملاء داخليين)، ثم يأتي أيضا في قائمة العملاء غير المباشرين المستفيدين من أداء المتدرب وهم الزبائن والموردين وغيرهم ممن يتعامل معهم بسبب مهام عمله (عملاء خارجيين). وتضيف دائما أن كلا من هؤلاء العملاء يلعب دورين في آن واحد، فكل منهم عميل يتلقى الخدمة، ومورد يقدم خدماته أو معلوماته لعملاء آخرين.

تحديد الاحتياجات التدريبية (احتياجات العملاء):

يعتبر تحديد الاحتياجات التدريبية هو القضية الأساسية في التدريب، ومع تعدد العملاء حسب مفهوم إدارة الجودة الشاملة، تصبح القضية أكثر تعقيدا ولكنها أكثر

فعالية. وتعبر الاحتياجات التدريبية عن رغبات إذا تم إشباعها للعميل يشعر بالرضاء (والشعور بالرضا هنا معناه أن يصبح قادرا على مباشرة عمله بكفاءة أعلى ترضى العميل الداخلي أو الخارجي الذي ينتظر نتائج هذا الأداء. بذلك تتضح أهمية التعبير عن الاحتياجات التدريبية بلغة العميل ذاته، أي بالطريقة التي يتوقع بها إشباع الحاجة، وإلا لن يتحقق الرضاء مهما كانت الجهود المبذولة للإشباع.

وتتعدد وسائل الحصول على المعلومات لتحديد الاحتياجات التدريبية وتختلف باختلاف العميل ذاته، (قارن بين مدير الحسابات كعميل يتطلب احتياجات معينة من العاملين تحت إشرافه، وبين رئيس مجلس الإدارة أو العضو المنتدب كعميل آخر يطلب من مدير الحسابات معلومات محاسبية يعدها الموظف المرؤوس لمدير الحسابات).

ترجمة احتياجات العملاء:

يعبر العميل عن احتياجاته بلغته هو، أي مستخدما التعبيرات والمعاني التي يفهمها هو والمتداولة في مجال عمله. فلغة المحاسبين تختلف عن لغة المهندسين، وهؤلاء جميعا تختلف المعاني لديهم لنفس الكلمات عما لو استخدمها مخطط برامج للحاسب الآلي مثلا. وطالما أن احتياجات العملاء هي أساس التدريب، إذن لابد من ترجمتها بلغة المدربين. وتتخذ الترجمة شكلين، ترجمة الاحتياج إلى خطوط عمل يتم تدريب الفرد على كيفية أداءها وكذلك تترجم الاحتياجات إلى تحسين في الأداء وفق نتائج يمكن قياسها.

دراسة إمكانية تحقيق احتياجات العملاء:

إن تحديد الاحتياجات التدريبية يمثل جانب الطلب من العميل ولكن يبقى أن يكون العرض ممكنا حتى يتلاقى الطلب والعرض وتتم المنفعة المستهدفة، لذا تتم مراجعة الموارد والإمكانيات المتاحة لمعرفة مدى إمكانية تحقيق الاحتياجات التدريبية

التي تم تحديدها وترجمتها. المقصود بذلك التحقيق من إمكانية تطوير وتصميم العمل التدريبي المناسب وإنتاج المادة التدريبية وتنفيذها بما متاح من إمكانيات ذاتية. وفي حالة قصور الإمكانات يكون النظر في الاستعانة بموارد خارجية أو إتباع أسلوب الإسناد للغير.

تخطيط التدريب:

تستهدف عملية تخطيط التدريب حصر الأنشطة اللازمة لتطوير وتصميم التدريب، وتدوير المدخلات المناسبة، وتنسيق أداء الأنشطة بالأساليب، وفي التوقيتات، وبالمعدلات المحققة للأهداف.

وتتصف عملية تخطيط التدريب بكونها نظام فرعي في إطار نظام التدريب الأساسي، وتتكون من مدخلات، عمليات ومخرجات على النحو الذي يصوره الشكل التالي:

مدخلات	العمليات	المخرجات
1- احتياجات العملاء بعد ترجمتها . 2- الموارد المتاحة . 3- القيود المفروضة على استخدامات الموارد . 4- أهداف وسياسات التدريب 5- أهداف وسياسات المنظمة	1- تحليل متطلبات إشباع الاحتياجات. 2- تطوير الطرح التدريبي 3- تصميم الطرح التدريبي 4- إعداد المواد والوسائل التدريبية. 5- جدولة التدريب . 6- إعداد موازنة التدريب.	1- خطط تدريب 2- برامج تدريب. 3- موارد تدريبية . 4- وسائل ومعينات للتدريب . 5- مدربون . 6- ضوابط ومعايير الجودة .

شكل (9)

نظام تخطيط التدريب

تطوير المنتجات التدريبية:

يقصد بتطوير المنتجات التدريبية عملية تصور ماهية الفعاليات التدريبية التي يمكنها أن تحقق الاحتياج التدريبي، ومعنى التطوير إذن هو إعداد الفكرة العامة أو الإطار الفكري للعمل التدريبي الذي يمكنه تحقيق الاحتياج التدريبي. مثال ذلك أن يبرز الاحتياج التدريبي مثلا لدى مجموعة عملائهم من أفراد الإدارة العليا للتعرف

على مفهوم وآليات "صناديق الاستثمار" فإن التطوير قد يتخذ شكل "ندوة مسائية" يتحدث فيها بعض المختصين للتعريف بفكرة الصناديق ونظام عملها، بينما لو كان الاحتياج ذاته صادرا من مجموعة العاملين في إدارة الاستثمار بشركة من الشركات القابضة، فإن التطوير قد يتخذ شكل "برنامج تدريبي" لمدة أسبوع يتم خلاله شرح أنشطة صناديق الاستثمار ونظمها المختلفة، يتخلله تدريب على اتخاذ القرارات الاستثمارية باستخدام الحاسب الآلي.

إذن التطوير هو ابتكار الهيكل العام للمنتجات التدريبية التي يمكنها أن تلبي الاحتياج التدريبي [1].

تصميم التدريب:

عملية تصميم التدريب هي تحديد المواصفات والمكونات المختلفة للعمل التدريبي بما يجعله قادرا عند تنفيذه على تحقيق الاحتياجات التدريبية، أي إرضاء العميل وتحقيق أهداف الجودة الشاملة. وتتخذ عملية التصميم منهجا تتابعيا حيث تبدأ كل مرحلة من مراحلها المختلفة بمدخلات هي مخرجات المرحلة السابقة، ثم تتم عليها أنشطة تنتهي بمخرجات جديدة، تصبح هي مدخلات المرحلة التالية وهكذا. ويكون مجموع مخرجات كل مراحل عملية التصميم هي المكونات الشاملة للطرح التدريبي الأكثر تناسبا مع احتياجات تدريبية محددة.

تطوير العمليات التدريبية:

تتضمن الجهود التدريبية سلسلة من العمليات، وتطبيقا لمفهوم إدارة الجودة الشاملة، فإن هذه العمليات تخضع لمنطق التحسين المستمر ويشمل التحسين أجزاء العملية الثلاثة، وقد يتخذ أحد أشكال متعددة منها:

---

(1) إدارة الموارد البشرية الإستراتيجية، أ. د. علي السلمي ص257.

128

- تخفيض الوقت المستغرق في الأداء.

- تحسين أسلوب الأداء.

- تحديث المعلومات الداخلية في الأنشطة.

- زيادة كمية الإنجاز في وحدة الزمن.

- ترشيد تكلفة الأداء.

تصميم التقنيات التدريبية:

في إطار مفهوم إدارة الجودة الشاملة تصبح التقنيات التدريبية عنصرا أساسيا في ضمان جودة العمل التدريبي كله. وقد تطورت تقنيات التدريب في السنوات الأخيرة بفضل تطور تقنيات الحاسب الآلي بالدرجة الأولى، وأمكن ابتكار وتطوير العديد من التقنيات المستندة إلى الحاسب الآلي. والسمة الرئيسية في تصميم التقنيات التدريبية هي ضرورة أن تسمح بالمشاركة الإيجابية للمتدرب، والتفاعل المستمر بينه وبين باقي عناصر العمل التدريبي.

وتتخذ عملية تصميم التقنيات التدريبية ذات المنهج المستند من فكرة النظم حيث تبدأ بالمدخلات وتتطور إلى عمليات تنتهي بالمخرجات وهي التقنيات المناسبة لفعاليات تدريبية معينة.

توقيت الفعاليات التدريبية:

يتبلور كل ما سبق في إطار زمني يحدد المراحل المختلفة وتوقيت كل منها، والفترة التي يستغرقها إنجاز كل مرحلة، مع بيان علاقات التتابع أو التزامن بين الفعاليات المختلفة.

ثم تشرع إدارة التدريب في تنفيذ ما تم تخطيطه وتصميمه مع أعمال ضوابط

ومفاهيم إدارة الجودة الشاملة، وتتم في ذات الوقت عمليات المتابعة والتقييم حسب الخطة المحددة [1].

التدريب حلقة في نظام إدارة الأداء:

اتضحت في الفترة الأخيرة صحوة إدارية جديدة تحاول أن تحدث طفرة في قدرات المنظمات على الإنجاز وبناء ميزاتها التنافسية لملاحقة حركة المتغيرات وتحولات التقنية والعولمة ومضاعفات نشأة منظمة التجارة العالمية، وتمثلت تلك الصحوة الإدارية الجديدة في إحياء وترويج مفهوم "إدارة الأداء" باعتباره الإطار الأفضل لتنظيم وتنسيق ودوافع جهود الإدارة لتحقيق الاستخدام الأمثل لطاقات وقدرات الموارد البشرية في تناغم مع استراتيجيات المنظمات والمعطيات التنظيمية ومتطلبات الأعمال والوظائف وظروف التقنية السائدة وظروف المنافسة.

ويقع التدريب ضمن منظومة إدارة الأداء باعتباره مرحلة تسبقها عمليات مهمة ويتبعها آثار وعمليات أخرى تتكامل جميعها من اجل توفير أفضل الإمكانات وتهيئة الظروف للفرد (وجماعة الأفراد) لتأدية الأعمال المنوطة به على أعلى درجة من الكفاءة والتميز.

وهدفنا في هذا المبحث توضيح مفاهيم ومكونات إدارة الأداء وبيان موقع التدريب فيها وانعكاسات ذلك على التدريب التربوي [2].

المفاهيم الأساسية لإدارة الأداء:

إن المهمة الأساسية للإدارة أن تحقق الأهداف التي قامت من أجلها المنظمة. ويمكن توفير فرص النجاح للإدارة في مهمتها من خلال إدارة أداء العناصر الأساسية

---

(1) إدارة الموارد البشرية الإستراتيجية، أ. د. علي السلمي ص259 .

(2) إدارة الموارد البشرية الإستراتيجية، أ. د. علي السلمي ص263 .

المشاركة في فعاليات المنظمة وفي مقدمتها - بل وأهمها - هو المورد البشري، وكذلك تهيئة الظروف المادية والتنظيمية اللازمة ليتم الأداء المستهدف.

وبالنظر إلى التغير المستمر في كافة ظروف المنظمة والمناخ المحيط، تصبح المراجعة المستمرة لجميع مكونات وعوامل الأداء ضرورة لضمان حسن الأداء وتحقيق الأهداف، كما أن هذه المراجعة تسهم في إعداد المنظمة لمواجهة المتغيرات. ومن ثم تصبح إدارة الأداء وفق مفهوم شامل ومحدد من الضروريات في المنظمات المعاصرة.

ومن ناحية أخرى، تؤدي المنافسة والتطور التقني إلى ضرورة العمل على تحسين الأداء وتطويره باستمرار وإخضاعه لعمليات مراجعة مستمرة تستهدف التحسن والتفوق والتميز على المنافسين، بل والتفوق على النفس بمعنى عدم الركون إلى ما تحقق من نجاح والسعي الدائب لتعظيمه.

وفي جميع الأحوال، فإن احتمال اختلاف الأداء الفعلي عن الأداء المستهدف يمثل فجوة ينبغي علاجها، ومن ثم تصبح إدارة الأداء أمرا لازما.

تعريف إدارة الأداء:

إدارة الأداء مدخل إداري متكامل يهدف إلى تصميم وتخطيط الأداء المستهدف وتحديد أهدافه ونتائجه، وإعداد الفرد (الأفراد) القائم بالعمل وتوفير التوجيه والرعاية والإشراف بما يحقق التوافق بين قدرته ومهاراته وسلوكه الفعلي في العمل ومتطلبات الأداء كذالك يتضمن مدخل إدارة الأداء المراقبة الفعالة للأداء وتقييمه وتشخيص أسباب انحرافه عن المعدلات والمستويات المستهدفة، ووضع برامج العلاج بتطوير عناصر الأداء المتسببة في ذلك الانحراف.

وتمثل إدارة الأداء مدخلا تكامليا يتعامل مع مجمل العوامل والموارد المشاركة في أداء العمل والمؤدية إلى تحقيق أهداف المنظمات، ولا يقتصر على بعضها دون الآخر كما هو الشأن في نماذج الإدارة التقليدية، وذلك كونها تتخذ نموذج النظام المفتوح حيث

يضمن التكامل والترابط بينها وبين المناخ المحيط، كما يؤكد الترابط والتوازن الذاتي في عملياتها وفعالياتها.

مدخلات نظام إدارة الأداء:

المدخلات في نظام إدارة الأداء هي المعلومات الأساسية التي يعتمد عليها النظام في تشكيل "الأداء" على النحو المحقق لأهداف المنظمة، وتضم معلومات عن أهداف واستراتيجيات وسياسات المنظمة، والخطط والبرامج المستهدفة في مختلف المجالات، والهياكل التنظيمية المعتمدة وعلاقات القطاعات التنظيمية المختلفة، والتقنيات السائدة والمستخدمة في أعمال المنظمة والمستفيدين من خدماتها أي السوق المستهدف لمنتجات المنظمة من سلع أو خدمات، ثم معلومات عن الموارد البشرية المتاحة للمنظمة، وأوضاع سوق العمل الذي تستمد منه المنظمة عناصرها البشرية. وتفيد تلك المعلومات في تمكين نظام إدارة الأداء من تكوين ملامح وتحديد مواصفات كل من العمل المطلوب إدارة الفرد المناسب لأداء هذا العمل[1].

عمليات نظام إدارة الأداء:

تتمثل عمليات نظام إدارة الأداء في تحليل المعلومات وإعادة صياغتها لتحديد النتائج المهمة التالية وذلك بالنسبة لكل مجال من مجالات النشاط في المنظمة وعلى جميع المستويات، وتشمل تخطيط توجيه، تشخيص، تقييم، تحسين، وتطوير الأداء. ويضيف البعض عمليات مثل تيسير الأداء أو تمكينا لأداء وهي في رأينا تندرج ضمن عملية التوجيه.

ويصور الشكل التالي لب عمليات نظام إدارة الأداء:

---

(1)   إدارة الموارد البشرية الإستراتيجية، أ. د. علي السلمي ص264.

132

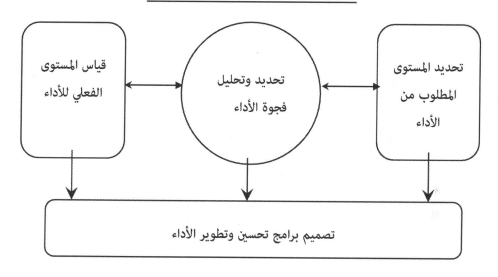

شكل (10)

مضمون عمليات إدارة الأداء

يمثل التحليل والتصميم والتخطيط لب عمليات إدارة الأداء التي تعتمد على فيض من المعلومات من داخل المنظمة ومن خارجها، وترمي إلى تحقيق أمثلة العلاقة بين أطراف الأداء الثلاثة (الفرد، العمل، التنظيم).

مخرجات نظام إدارة الأداء:

تتبلور مخرجات نظام إدارة الأداء في تحديد عناصر الأداء المستهدف، ومستوياته ومعدلاته، وشروط ومواصفات الأداء المقبول. كما تحدد معايير وآليات قياس وتقييم وتحسين وتطوير الأداء الفعلي ليرقى إلى المستوى المستهدف.

مداخل تحسين الأداء:

يعتبر تحسين الأداء الهدف النهائي لنظم إدارة الأداء، وتنحصر أهم مداخله في أربع نقاط هي [1]:

- تحسين الأداء بالتركيز على تطوير مهارات وسلوك العاملين.

- تحسين الأداء بالتركيز على تطوير وتحسين ظروف العمل المادية.

- تحسين الأداء بالتركيز على التطوير التنظيمي وإعادة الهيكلة.

- تحسين الأداء من خلال التطوير التقني.

التدريب من منظور إدارة الأداء:

يوضح هذا العرض للمفاهيم الأساسية لمدخل إدارة الأداء الأمور المهمة التالية بالنسبة لقضية التدريب:

- إن تحسين الأداء وتطويره باستمرار ليحقق مستويات الإنجاز ويتوافق مع المتغيرات ذات التأثير على عمل المنظمات ليس قضية تدريب فقط، ولكنه هدف يتجاوز إمكانيات التدريب ويحتاج إلى تكامل وتفاعل مجموعة مختلفة من العناصر والعوامل ذات التأثير على الأداء.

- إن اللجوء إلى التدريب كأحد وسائل تحسين وتطوير الأداء الفردي (أو لفرق ومجموعات الأفراد) ينبغي أن ينطلق من رؤية واضحة ومعرفة دقيقة بأهداف وخطط الأداء المستهدف ونتائج تحليل وتقييم الأداء الفعلي وتحديد أسباب الفجوة التي قد تفصل بين المستويات الفعلية والمستهدفة.

- إن التخطيط المتميز والتنفيذ الدقيق لفعاليات التدريب لن يحقق الآثار المستهدفة

---

(1) إدارة الموارد البشرية الإستراتيجية، أ. د. علي السلمي ص266.

منه إن لم يصاحب التدريب (أو يلحقه) تعديلات متتابعة في ظروف العمل وتقنيات أو في الأوضاع التنظيمية السائدة.

- لا يقتصر التدريب في مفاهيم إدارة الأداء على التدريب الرسمي الذي يتم في قاعات التدريب، بل يشمل أيضا كل أشكال التوجيه والمساندة والإشراف الفعال الذي يحصل عليه الفرد من رؤساء في العمل.

عناصر إدارة الأداء المرتبطة بالتدريب:

يضم نظام إدارة الأداء مجموعة مهمة من العمليات ذات العلاقة بالتدريب حيث تمثل الأسس التي يستمد منها نظام "التدريب" المعلومات اللازمة لتحديد الاحتياجات التدريبية وتصميم الفعاليات التدريبية المختلفة المناسبة لسد فجوة الأداء والوصول إلى مستويات الأداء المستهدفة. وتشمل تلك العمليات أعمال تخطيط الأداء، توجيه الأداء، تشخيص الأداء، تقييم الأداء.

تخطيط الأداء وعلاقته بالتدريب:

تخطيط الأداء هو نقطة البداية في إدارة الأداء، ومن ثم أساس نشاط التدريب بما تتضمنه من معلومات مهمة يحتاجها مخطط التدريب ولا يمكنه تجاهلها من أهمها:

- وصف العمل المطلوب وأسلوب تنفيذه، ومدى ارتباطه بغيره من الأعمال.
- حجم وسرعة ومستوى جودة الأداء المستهدف.
- توقيت العمل وحدود التكلفة المقبولة.

توجيه الأداء وعلاقته بالتدريب:

تمثل عملية توجيه الأداء نشاطا تدريبيا حقيقيا ومستمرا على أرض الواقع في محل الأداء ذاته، ويعتبرها الكثيرون الأكثر فعالية وتأثيرا في بناء قدرات الفرد وتنمية

مهاراته، وهي تعتمد على مفاهيم وتقنيات التعلم بالممارسة تحت الإشراف المباشر من الرؤساء المختصين. وتشمل عمليات توجيه الأداء المتابعة المستمرة لعناصر الأداء المختلفة، الفرد القائم بالعمل، ظروف الأداء المحيطة و إمكانيات ومستلزمات الأداء، وما قد يطرأ على المناخ المحيط من متغيرات.

كذلك تتضمن عملية توجيه الأداء تزويد العاملين بالمعلومات المتجددة التي تساعدهم في السيطرة على ظروف الأداء والتغلب على ما قد يصادفهم من مشكلاتهم. وتكتمل جهود توجيه الأداء بتمكين الفرد بمعنى منحه الصلاحيات اللازمة وتزويده بالآليات التي تسمح له بالسيطرة على ظروف ومعدلات الأداء، بحيث يكون قادرا على الحركة والمناورة في حالة مواجهته ظروف معاكسة، الأمر الذي يضمن بدرجة أكبر تحقق أهداف ومستويات الأداء وفق الخطة المعتمدة.

وبذلك فإن توجيه الأداء هو عملية اتصال مستمرة بين الرئيس المشرف على العمل وبين الفرد (الأفراد) المسئول عن التنفيذ بغرض ضمان استمرار توفر الظروف المناسبة لتحقيق الأداء وفق الخطط المعتمدة. ويستخدم الرؤساء والمشرفون كافة وسائل الاتصال الرسمي وغير الرسمي لتحقيق التواصل مع القائمين بالعمل من أجل توجيههم في الاتجاهات المستهدفة.

يستمد توجيه الأداء أهميته نتيجة للتغير الذي يمس كافة عناصر الأداء المحيطة، وما قد يحدث من تحول في قدرات ورغبات العاملين أو ما يصيب الطاقات والتقنيات المخصصة للأداء من تغييرات، وكذا التغيرات التي قد تحدث في علاقات العمل. وتركز عملية توجيه الأداء على البحث عن فرص تحسين الأداء وتجاوز المشكلات التي تعود في الأساس إلى عدم استيعاب الفرد لمتطلبات الأداء أو قصور بعض قدراته ومهاراته عن الوصول إلى مستوى الأداء المطلوب.

كما يحاول موجهو الأداء البحث مع القائم بالعمل عن مجالات وأساليب تحسين الأداء، وتدعيم قدراته ومهاراته والجوانب الإيجابية في أدائه [1].

وفي النهاية، يرتكز نجاح توجيه الأداء على تفهم الرؤساء والمشرفين لأهمية التوجيه وأثره في تحسين فرص النجاح للقائمين بالأعمال المختلفة في المنظمة، ومن ثم يصبح توعية هؤلاء المشرفين بدورهم في التوجيه أحد أهم ملامح التوجهات الجديدة في بناء نظم الموارد البشرية.

وتطبيقا لتلك المفاهيم الحديثة في إدارة الموارد البشرية يتحول المشرف إلى قائد ميسر ومساند لمرؤوسيه ويمارس معهم دور المدرب أو الراعي الذي يتبنى العامل ويقدم له الرعاية والمساعدة. ويتحقق التوجيه الفعال بطرح ومناقشة مهام العمل وظروفه بالمشاركة مع القائم بالعمل، وتجنب الدخول في التفاصيل، بمعنى أن الموجه يعاون دون أن يسلب الفرد صلاحياته أو مسئولياته عن حل مشكلات العمل.

يتضح مما سبق أن عملية توجيه الأداء يتمثل فيها جميع خصائص ومضامين عملية التدريب من حيث رصد الاحتياجات التدريبية، وتصميم وسيلة التدريب المناسبة وتنفيذ التدريب ومتابعة نتائجه. ومن ثم نتفق في الرأي مع القول أن توجيه الأداء هو التدريب الفعلي المستمر على أرض الواقع بالعلاقة المباشرة بين الفرد ومدربه الحقيقي "الرئيس المباشر".

ويؤدي الالتزام بعملية توجيه الأداء بالمعنى المتقدم إلى معالجة كثير من أوجه القصور في هيكل قدرات ومهارات ومعارف الفرد وقت تكونها، الأمر الذي يمنع من تراكمها وتفاقمها، ومن ثم تقل الحاجة إلى ممارسة التدريب بمعناه التقليدي في قاعات التدريب خارج مكان العمل. كذلك تبدوا أهمية مشاركة الرؤساء والمشرفين من أخصائي التدريب حين تحديد الاحتياجات وتصميم الفعاليات التدريبية بما يحقق التواصل بين التدريب الرسمي وظروف الأداء الفعلية.

---

(1)   إدارة الموارد البشرية الإستراتيجية، أ. د. علي السلمي ص268 .

137

تشخيص الأداء وعلاقته بالتدريب:

تعتبر عملية تشخيص الأداء مرحلة أساسية في إدارة الأداء غايتها البحث في أساليب "الفجوة" التي تفصل مستوى الأداء الفعلي عن مستواه المخطط أو المستهدف، وبالتالي فتح الطريق نحو العلاج، ومن ثم يكون تشخيص الأداء هو المدخل نحو علاج قصور الأداء بما يتناسب والأسباب الحقيقية التي تم الكشف عنها. ويلعب الكشف المبكر عن عيوب الأداء دورا مهما في فعالية التشخيص، وتعتمد فيه الإدارة على المعلومات الناتجة من المتابعة والملاحقة باستخدام نظم التقارير الفورية، والاسترشاد بملاحظات العملاء وشكاواهم، والمقارنة مع مستويات الأداء في فترات زمنية مختلفة أو في قطاعات مختلفة داخل المنظمة أو بمنظمة خارجية.

وتنتهي عملية تشخيص الأداء بتحديد مصادر القصور، وأسبابها. ويمكن رصد أربع مجموعات أساسية من العوامل المؤثرة في الأداء والتي تمثل أسبابا محتملة للقصور فيه، وهي العوامل البشرية، المادية، التقنية، والتنظيمية.

وتبدو الأسباب البشرية أكثرها تأثيرا واحتمالا في وجود فجوات الأداء، حيث قد تتباعد اهتمامات الأفراد أو رغباتهم عن العمل المطلوب، أو تختلف مكونات قدراتهم ومهاراتهم عن المستويات المطلوبة. وتضم مجموعة الأسباب المادية لفجوة الأداء كل ما يستعين به العامل من أدوات وتجهيز ومواد وغيرها، وكذلك الموارد المالية، وما قد يعتريها من نقص أو تقادم أو عيوب في التشغيل.

كما تمثل التقنية أحد أهم العوامل المؤثرة في مستوى الأداء. ويمثل الهيكل التنظيمي الوعاء الذي يتم فيه الأداء، ومن ثم يتأثر سلبا وإيجابا بظروف التنظيم.

والميزة الأساسية لعمليات تشخيص الأداء هي تأكيد حقيقة مهمة بالنسبة لدور التدريب في تحسين الأداء وهي أن عيوب الأداء لا تعود جميعها إلى نقص في قدرات أو معارف الفرد (الأفراد)، بل قد يكون سبب فجوة الأداء أمور مادة تنظيمية، تقنية أو

حتى بشرية تتصل بالميول والدوافع، وجميع تلك الأساليب لا يمكن علاجها بالتدريب. كذلك تمثل نتائج عملية تشخيص الأداء المدخلات الأساسية في نظام التدريب إذ توفر المعلومات الضرورية التي تنطلق منها عملية تحديد الاحتياجات التدريبية بما يعكس حقيقة المواقف في مجال العمل[1].

ولعل هذا المنطق يكون العلاج الحقيقي لكثير من عيوب الممارسات التدريبية الشائعة حيث تبدأ الأنشطة التدريبية دون معرفة واضحة بطبيعة الأعمال التي يقوم بها المتدربون ومن غير دراسة لمستويات الإجادة في الأداء وما قد يصادفهم من عقبات، أو ما قد يبدو في أدائهم من عيوب. وبذلك تتحول كثير من جهود التدريب إلى نمط أي يتحكم فيه مقدم الخدمة التدريبية بدلا من أن يكون أي ينشأ ويتم بناء على طلب وحاجة يستشعرها القائمون بالعمل.

تقييم الأداء وعلاقته بالتدريب:

تقييم الأداء حلقة مهمة في نظام إدارة الأداء دافعها قياس أداء الفرد (أو المجموعة) ومقارنته بالأداء المستهدف والحكم على مدى الكفاءة. كذلك تهدف عملية تقييم الأداء إلى الكشف عن مدى توافق الفرد مع العمل المسند إليه، وزملائه وظروف الأداء في المنظمة.

إن عملية تقييم الأداء واحدة من عناصر نظم إدارة الأداء التي تتعلق نتائجها بعمليات التدريب، إذ تكشف لمخطط التدريب عن نواحي القصور في أداء المورد البشري التي يمكن التعامل معه من خلال أنشطة التدريب المختلفة. وتتكامل عملية تقييم الأداء في ذلك مع عمليات تشخيص وتحليل الأداء وصولا إلى التحديد السليم لمظاهر قصور الأداء ومصادره وأسبابه ومن ثم أنجح الوسائل لعلاجه[2].

---

(1)   إدارة الموارد البشرية الإستراتيجية، أ. د. علي السلمي ص270.

(2)   إدارة الموارد البشرية الإستراتيجية، أ. د. علي السلمي ص270.

تطوير الأداء وعلاقته بالتدريب:

إن تطوير الأداء هو غاية النهاية التي تسعى إليها نظم إدارة الأداء، إذ تتعامل مع مظاهر القصور التي كشفت عنها عمليات تشخيص وتحليل وتقييم الأداء بالمقارنة بأهداف وخطط الأداء. والهدف إذن من التطوير هو تحقيق التعادل أو التماثل بين مستويات الأداء الفعلي وبين المستويات المستهدفة في خطة الأداء.

وفي ضوء التعرف على مظاهر وأسباب القصور في الأداء تتجه جهود تطوير الأداء إلى واحد أو أكثر من المجالات التالية:

1- تطوير الأفراد.

2- تطوير العمل.

3- تطوير التنظيم.

ومن الواضح أن تطوير عملية الأفراد هي صميم اختصاص التدريب، ومن ثم يمكن إدراك العلاقة الوثيقة بين التدريب وبين إدارة الأداء. لذلك زاد اهتمام الإدارة في المنظمات المعاصرة بمفهوم إدارة الأداء واعتبرته الأساس لتطوير إداري شامل وفلسفة إدارية جديدة تتجه نحو المنظمة عالية الأداء أو المنظمة الموجهة بالأداء. وبلغ الاهتمام بهذا المفهوم حده الأقصى في الولايات المتحدة الأمريكية التي صدر فيها في العام 1993م قانونا فدراليات بتطبيق نظام إدارة الأداء في الحكومة الفدرالية.

وفي ضوء معطيات نظام الأداء ينطبق التعامل مع التدريب من منظور مختلف تماما يتمثل فيما يلي:

• يعتبر التدريب آلية لتطوير وتحسين الأداء الفعلي للموارد البشرية للوصول إلى مستوى الأداء المستهدف (المخطط) كما تحدده خطط الأداء.

• يكون اختيار التدريب لتحقيق التطوير والتحسين المرغوب في ضوء التحقق من

حجم فجوة الأداء ومصادرها والعوامل المؤثرة فيها، وبعد استعراض مختلف الآليات والمداخل التي يمكن استخدامها للوصول إلى مستوى الأداء المرغوب.

● يتم استخدام التدريب في إطار كونه عنصر في "حزمة" متكاملة من أدوات التطوير والتحسين تتعامل مع مجمل أطراف الأداء وليس مع المورد البشري فقط.

● يخضع التدريب في حد ذاته لمنطق إدارة الأداء، ومن ثم تتم العمليات التالية:

1- تحديد استراتيجيات التدريب والأهداف المتوقعة منه.

2- تخطيط الأداء للقائمين بالتدريب.

3- توجيه أداء القائمين بالعمل التدريبي.

4- تشخيص أداء القائمين بالعمل التدريبي.

5- تقييم أداء القائمين بالعمل التدريبي.

قد يعاني القائمين بالعمل في مجالات التدريب المختلفة أنفسهم من عيوب في الأداء تتطلب التدخل لبحث أسبابها وتحديد آليات العلاج المناسبة (سواء بالتدريب أو غيره من الآليات) [1].

---

(1)   إدارة الموارد البشرية الإستراتيجية، أ. د. علي السلمي ص271 .

المصادر والمراجع

أولا: الكتب

1- أحمد بن عبدالله الصباب، أصول الإدارة الحديثة، دار البلاد للطباعة والنشر، جدة 1423هـ

2- أحمد زكي بدوي، معجم مصطلحات العلوم الاجتماعية، بيروت، لبنان، 1982م.

3- بيكاس سانيال، التعليم العالي والنظام الدولي الجديد، ترجمة مكتب التربية العربي للدول الخليج، الرياض 1987م.

4- جاري ديسلر، إدارة الموارد البشرية، ترجمة محمد سيد أحمد عبد المتعال، دار المريخ، الرياض 1424هـ

5- دافيد راتشماث وآخرون، الإدارة المعاصرة، ترجمة رفاعي محمد رفاعي ومحمد سيد أحمد عبد المتعال، دار المريخ، الرياض، 2001م-1421هـ.

6- راوية حسن، مدخل استراتيجي لتخطيط وتنمية الموارد البشرية، القاهرة، الدار الجامعية، 2005م.

7- سعاد نائف برنوطي، إدارة الموارد البشرية إدارة الأفراد، وائل، عمان، د. ت

8- سنان الموسوي، إدارة الموارد البشرية، الأردن، دار مجدلاوي، ط1، 1427هـ 2006م.

9- صلاح الدين محمد عبدالباقي،، اتجاهات الحديثة في إدارة الموارد البشرية، الدار الجامعية القاهرة. 2002م.

10- طلق السواط، وآخرون، الإدارة العامة، المفاهيم الوظائف الأنشطة، دار حافظ، جدة، الطبعة الثانية 1416هـ

11- على السلمي، إدارة الموارد البشرية الإستراتيجية، القاهرة، دار غريب، 2001م.

12- فوزي عبد الرحمن أصيل، طرق اختيار وتقويم الموظفين، العبيكان، الرياض، 1420هـ 1999م.

13- كيت كينان، اختيار الموظف المناسب، (ترجمة ناجي حداد مركز التعريب والبرمجة) الدار العربية للعلوم، بيروت، الطبعة الأولى، 1418هـ.

14- مازن فارس رشيد، إدارة الموارد البشرية، الأسس النظرية والتطبيقات العملية في المملكة العربية السعودية، العبيكان، الرياض، الطبعة الأولى، 1422هـ -2001م.

15- محمد إبراهيم السيف، المدخل إلى دراسة المجتمع السعودي، الكتاب الجامعي لعلم الاجتماعي، دار الخريجين، الرياض، 1418هـ 1997م.

16- المجمع الوسيط: مجمع اللغة العربية، القاهرة - ج 1 - ط 3.

17- مدني عبد القادر علاقي، إدارة الموارد البشرية المنهج الحديث فلي إدارة الأفراد ط 2- دار زهران، جدة، 1999م.

18- نادر أحمد أبو شيخيه، إدارة الموارد البشرية، معهد الإدارة العامة، الرياض، د. ت.

ثانيا: المجلات والدوريات

1- جامعة الملك فهد للبترول والمعادن، دليل البرنامج التعاوني 1407هـ.

2- حسين، عمر منصور، توظيف العمالة الوطنية، التدريب التعاوني هو الحل، مجلة اليمامة، العدد 1301 ذو القعدة 1414هـ .

3- محمد إبراهيم التويجري، جدوى برنامج التدريب العملي (التدريب التعاوني) كأحد أساليب التدريب المبكر أثناء الدراسة الجامعية وبعد التخرج، الإداري مسقط، العدد 48، 49 مارس - يونيو 1992.

4- هلال العسكر، التدريب التعاوني مفهومه وأهدافه تجارية الرياض، العدد 283 محرم 1415هـ .

ثالثا:الدراسات والبحوث والندوات:

1- أحمد محمد بوزير، التدريب كأداة من أدوات التدريب، الديكام لربط التدريب باحتياجات التوطين، ورقة مقدمة في ملتقى المدينة الأول للتدريب، التدريب ترف أم استثمار، المملكة العربية السعودية ربيع الأول 1426.

2- أحمد بن محمد العيسى ، محمد علي العبد الحافظ، تجربة الكلية التقنية بالرياض في تطبيق التدريب التعاوني، دراسة تقويمية، جامعة الملك فهد للبترول والمعادن، الظهران، 1421هـ .

3- دلايل م سبنسر الأصغر سيجان م سبنسر، الجدارة في العمل نماذج للأداء المتفوق (ترجمة أشرف فضيل عبد المجيد) مركز البحوث والدراسات الإدارية، معهد الإدارة العامة، الرياض، 1420 هـ

4- راشد محمد الزهراني، عبد الله فهد الشهراني، تأثير برنامج التدريب التعاوني بالكليات التقنية على الجهات التدريبية، المؤتمر والمعرض التقني السعودي الثالث، المؤسسة العامة للتعليم الفني والتدريب المهني، الجزء الرابع، 1425هـ .

5- زايد الحارثي، التعلم التعاوني أهميته والحاجة إلى تطبيقه في تعليمنا الجامعي، الندوة السعودية الأولى عن التعليم التعاوني، جامعة الملك فهد للبترول والمعادن، الظهران، 1416هـ.

6- عبد العزيز بن علي الغامدي اتجاهات طلاب الكليات التقنية نحو العمل الفني التقني، دراسة ميدانية على الكليات التقنية بالمملكة العربية السعودية، رسالة ماجستير غير منشورة، كلية الاقتصاد والإدارة، جامعة الملك عبد العزيز، 1421هـ - 2000م.

145

7- عبد الرزاق القلال وعمار غباشي وعباس برايس، دور التدريب التعاوني في تكوين الطالب التقني والآفاق المستقبلية، المؤتمر والمعرض التقني السعودي الثاني سجل البحوث العلمية، الجزء الأول، المؤسسة العامة للتعليم الفني والتدريب المهني، الرياض، 1423هـ - 2002م.

8- عيسى حسن الأنصاري، التعليم التعاوني في الكلية التقنية بالدمام، بين الواقع والاتجاهات الحديثة، الندوة السعودية الأولى عن التعليم التعاوني، جامعة الملك فهد للبترول والمعادن، الظهران، 1416هـ.

9- علاء طنطاوي وصالح بن بشير المحمدي، دورة التدريب التعاوني في إعداد الطلاب لممارسة الأعمال الفندقية، المؤتمر والمعرض التقني السعودي الثاني، سجل البحوث العلمية، المؤسسة العامة للتعليم الفني والتدريب المهني، الرياض، شعبان 1423هـ.

10- فهد شجاع سعد العنزي، دور الكليات التقنية في تلبية احتياجات القطاع الصناعي السعودي، رسالة ماجستير غير منشورة كلية الاقتصاد والإدارة، جامعة الملك عبد العزيز، جدة، 1421هـ- 2000م.

11- فهد بن سلطان محمد السلطان، التعليم التعاوني وإمكانية الإفادة منه في المواءمة بين مخرجات التعليم العالي والحاجات الفعلية بسوق العمل في المملكة العربية السعودية، مركز البحوث التربوية، كلية التربية، جامعة الملك سعود، الرياض، 1420هـ - 1999م.

12- محمد بن علي العبد الحافظ، إمكانية تطبيق التدريب التعاوني في الكليات التقنية كوسيلة لتحيق متطلبات العمل في القطاع الصناعي الخاص بالمملكة العربية السعودية، رسالة ماجستير غير منشورة، جامعة الملك سعود، كلية العلوم الإدارية، قسم الإدارة العامة.

13- محمد عبد الله الغيث، و منصور عبد العزيز المعشوق، توظيف العمالة المواطنة في القطاع الخاص، المعوقات والمداخل والحلول، الإدارة العامة للبحوث، معهد الإدارة العامة، الرياض، 1417هـ - 1996م.

14- محمد بن صالح السياري، التدريب التعاوني في الكليات التقنية.. مقومات النجاح ومعوقات التطبيق، رسالة ماجستير غير منشورة، كلية العلوم الإدارية، جامعة الملك سعود، الرياض، 1422هـ - 2002م.

15- مركز البحوث الدراسات بالغرفة التجارية الصناعية بالرياض، دور القطاع الخاص في تطبيق التعليم التعاوني، الندوة السعودية الأولى عن التعليم التقني، جامعة الملك فهد للبترول والمعادن، الظهران، محرم 1421هـ

16- منصور محمد الزعفراني، دراسة مقارنة للنظام الكليات والمعاهد التقنية في إنجلترا والولايات المتحدة الأمريكية ومدى إمكانية الإفادة منها في تطوير نظام الكليات التقنية المتوسطة بالمملكة العربية السعودية، رسالة دكتوراه، كلية التربية، جامعة عين شمس، القاهرة، 1994م.